JN037377

浅野拓磨
奇跡のゴールへの1638日

浅野拓磨
TAKUMA ASANO

朝日新聞出版

はじめに

2022年のワールドカップ（W杯）カタール大会までの約4年半、僕は「W杯でゴールを挙げる」という目標のためだけに、本当に毎日を過ごしてきた。

ひとつの集大成と言えるのが、2022年11月23日のドイツ戦で挙げた、あのゴールだ。

そのシーンについては、この後、序章で詳しく振り返る。もちろん、めちゃくちゃうれしかった。

ただし、あの1点が僕のサッカー人生の「ゴール」だとは、まったく思っていない。その証しに、W杯が終わって湧き上がってきた一番の感情は「悔しさしかない」だった。

今回、この本を書こうと思ったのも、その「悔しさ」によるところが大きい。

これからのサッカー人生でもっともっと活躍するためにも、一瞬の活躍に浮かれることなく、等身大の自分をしっかりと書き残しておきたいと思った。

僕の人生にはドラマチックがよく起きると、自分でも思う。この4年半も、いろいろなことがあった。判断に迷うような出来事も多々あった。それでも、自分を信じ、あきらめなくてよかった。

と同時に、こうも思う。「これまでの歩みが正解だったのかどうか。それはたったひとつのゴールで判断できることではない」と。だからこそ、あのゴールに至るまでの道のりをきちんと振り返っておくことが、間違いなく今後の糧になるはずだ。

なお、この本の執筆にあたっては、朝日新聞スポーツ部の記者・藤木健さんに手伝ってもらった。**太字**の部分では、その時々の出来事を確認しながら物語を読み進められるように、藤木さんに記者の目線で状況を説明してもらっている。

2023年5月

浅野拓磨

浅野拓磨
奇跡のゴールへの1638日

目次

第3章 底辺——出場機会を求めてセルビアへ

第4章

再起――ブンデスリーガへの再チャレンジ

第5章

信念――大会直前に負ったケガからの復活

第6章　帰結――ワールドカップでつかんだ夢とその後

編集協力　藤木　健（朝日新聞社）
装丁　井上新八
本文デザイン　杉本千夏（デジカル）
カバー写真　スポーツニッポン新聞社

序章

歓喜——劇的ゴールの瞬間

2022年11月23日。ドーハのハリファ国際スタジアムは、地鳴りのような歓声に揺れた。ワールドカップ（W杯）カタール大会で日本代表は、優勝4度のドイツ代表との初戦を戦っていた。1－1の後半38分、FW（フォワード）浅野拓磨が勝ち越しゴールを奪った。

「俺を見ろ、見てくれ」。そう願いながら、最前線で両ひざに手をついて、味方の目線が自分に向くのを待つ。

相手の最終ラインは高い、その背後に大きなスペースがある。ロングボールを蹴ってくれれば――。ボールのところにいる滉（板倉）が、なかなか僕を見てくれない。

やっと、目があった。でも、ちょっと遅い。

右へ流れるように走り出した。

それでも、ボールが出てこない。「遅い！」

直後、滉がふわりとした山なりのボールを、ピッチ右のスペースめがけて蹴った。僕が狙っていたタイミングからは、ワンテンポ、ツーテンポ遅れている。ロングパスの質も、もう少しストレート系の軌道をイメージしていた。

走り出す前に体をぶつけたドイツのDF（ディフェンダー）リュディガーはついてきて

いない。

たぶん、オフサイドだろうなあ。そんなことを考えながら足を動かし、ボールの行方を追って頭を上下させていた。

視界に線審の姿が入ってきた。旗は上げていない。目の端に、ベンチの仲間が映る。なんか、騒いでいる。

ボールの落ち際で、もしも相手から体を寄せられたら、外側へ、ゴールから離れる方向へトラップしよう。先に後方のカバーに入られていたら、前へのトラップを読まれているのかもしれない。ならば後ろ向きにボールを止めよう。

いや。オフサイドだと相手は油断している。ゴールへ向かってトラップし、相手の前へ入ろう。右足インステップ（足の甲）で、柔らかいトラップ。得意なプレーだ。

よし、うまく止められた。オフサイドやと思うけど……。とりあえず、このまま行ったれ！

オフサイドの可能性を感じていたのがよかった。どうせオフサイドなら、最後までやりきろうという思いだ。おそらく、僕も相手もオフサイドじゃないと確信していたら、ゴールへ向かうトラップはできなかった。

ドイツのDFが追ってくる。リュディガーじゃない。でも、誰なのかまでは分からなかった。慌てているようには感じない。たぶん、まだオフサイドだと思っているのだろう。難なく、半歩前に出られた。とにかく、自分とボールの間に入られてはいけない。

追ってきていたのは22歳のニコ・シュロッターベック。彼とボールの間に、浅野は自らの体を入れて、前進した。

左から、相手が体をぶつけてくる。よし。正直、スライディングで体を投げ出すように滑り込まれた方が嫌だった。左腕でブロックして、押された力も生かして前に進める。振り切れた。

瞬間、いったん中を見た。拓実（南野）が見えた。でも、ゴール前に入るタイミングはちょっと遅れている。パスを出すにも、そのコースを切るようにリュディガーが戻ってきている。

折り返すのは厳しい。シュートだ。

ゴール右。角度はない。GK（ゴールキーパー）ノイアーが迫っている。ファーサイド

W杯カタール大会・ドイツ戦で、決勝ゴールを挙げる直前の浅野（提供：朝日新聞社）

は切られている。股下も見えていない。シュートコースが、完全に見えているわけではない。でも、ニア上しかない。

キックの選択は、右足のインサイドだ。ふわりと浮かせて、GKの肩口を抜こう。

決断して、シュートを打つ。直前にボールが、少し跳ねていたのだろう。右足の、くるぶしあたりに当たった。自分が思い描いていたよりも、威力が強く、球足の速いシュートになった。

名手ノイアーの肩口を射抜いたボールは、ゴール天井に吸い込まれていった。

ボールの行く先はよく見えなかった。ただ、ゴールネットは確かに揺れた。シュートを打った勢いそのままに、走り抜けて、ゴール裏の看板を飛び越える。線審を見る。旗は上がっていない。ピッチを見れば、相手は手を上げてノーゴールだとアピールしている。オフサイドか？　どっちだ？

観客席を見ると、サポーターが騒ぎ、揺れている。

流れに身を任せて、スタジアムのトラックを走る。ベンチからは、みんなが飛び出して喜びを爆発させて駆け寄ってくる。次々に、チームメートに飛びつかれる。

「ない⁉　ない⁉」

僕は繰り返す。

「ない、ない。ないないないないないないっ！」。一番興奮していたのはタケ（久保建英）だ。何度も首を振り、何度も言っている。

「GOAL」と、場内掲示に映し出される。その瞬間まで、VAR（Video Assistant Referee／ビデオ判定）が入るかもしれないと思っていた。ゴールを確信した瞬間だ。

よっしゃ。

メインスタンド側にいた家族を見る。両親、弟と妹、小学生のころの恩師や、長く付き合ってきた友人が来てくれている。みんなに向けて、ジャガーポーズだ。

チームメートや、スタッフと抱き合う。もちろん、森保さんとも。

ゴールを決めたら、コーナーフラッグの方へ走っていって、ユニホームでも脱いで格好つけようと思っていた。でも、めちゃくちゃ格好つけて喜んだ後に、VARでオフサイドになったらダサいな。そんなことまで、その瞬間に考えた。自分でも引くほど、冷静だ。思っていた通りの喜び方はできなかった。ちょっと、もったいなかったかな。喜びと実感は、後からこみ上げてきた。

本当に勝った。

2－1とリードしてからの時間は、本当に長く感じた。

このまま守り切るぞ、守ろうというメンタルになる。

もう限界だ。途中からピッチに入った身なのに、何度そう思ったことだろうか。

アディショナルタイムが「7分」と示される。は？　長すぎる……。実はこのときまで、この大会は追加時間が長く取られているという傾向が頭に入っていなかった。

心が折れそうになるけど、やるしかない。僕らの前でボールを回させる分には大丈夫だ。とにかく、追いかけよう。前線の僕、拓実、律（堂安）は途中出場で、先発したみんなに比べれば、まだ足が動くはずだ。

攻め込まれてはいる。でも、守備陣のみんなを頼もしく感じられている。純也くん（伊東）の運動量は、本当にすごい。きついはずなのに、アップダウンを繰り返して最終ラインまでサボらずに戻り続けている。薫（三笘）が球を持てば、またチャンスになりそうな予感がする。相手のセットプレーでは、航くん（遠藤）がシュートブロックしてガッツポーズを作る。大丈夫だ。

相手GKも上がってきたコーナーキック。クリアボールを拾う相手選手へプレスをかけに走り寄る。まだ終わらないのか。パスで逃げられて奪えなかったが、球が渡った先で拓実が相手に食らいつき、タッチラインに蹴り出した。

直後、笛が鳴る。

勝った。

もちろん、勝利を信じて準備してきた。ドイツが強いのは分かっていた。ピッチの中でも、その手強さは肌で感じた。その相手に、本当に勝った。

僕も、日本も、いろんなことを言われてきた。批判もたくさんあった。でも、やれるんだ、勝てるんだ、勝利に必ず貢献できるんだ。そう信じ続けて、ここまでやってきた。それが今日の結果につながった。

「よし。やったぞ」

同時に意外と、頭は冷静だった。とりあえず、今は思いっきり喜んどけ。そんな風に考えていた。

長友（佑都）さんに抱きつかれて、言われる。「すげえよ！　お前、すげえよ！」

素直にうれしい。自分でも、持っているな、と思う。でもそれ以上に、すごさを思ったのは森保さんに対してだ。

自分は持っている、やれる。苦しい展開はむしろ好物、ヒーローになるチャンスだ。いつも、そんな風に考えてきた。だけど、いくら自分でそう思っていても、それを実現できる機会が来るかどうかはまた別の話だ。他の監督だったならば、負傷明けでW杯のメンバーに選んでいたかどうか。この大事な初戦で、信じて起用してくれていたかどうか。

確かにゴールを奪ったのは僕だ。ただ、その僕をピッチに送る選択をしたのは森保さんであり、その選択が生んだ結果だ。この人、本当にすごいな。心の中で言っていた。

「森保さん。やりましたね！」

＊　＊　＊　＊

W杯に立つ感情

この勝利からさかのぼること2日前。ドイツ戦では先発しないと分かった浅野は、途中出場にかけて備えていた。W杯カタール大会で日本の選手たちは、試合2日前の時点で次の試合の先発メンバーを知ることになっていた。

サッカー選手である以上、先発から出たい気持ちを失ったことはない。でも、もし自分が監督だったならば──。僕は途中出場の方が、武器のスピードがより生きる。その考えもあるなとは思う。

不思議と、先発落ちの悔しさはなかった。それはチームの雰囲気も大きかっただろう。先発であろうと、ベンチからであろうと、出番がなかろうと、それぞれの役割をまっとうする。みんなが心の底から、そうした行動ができるチームだ。

試合が始まり、前半に失点しても、ボールを握り続けられても、まだまだ、全然大丈夫だとベンチで感じていた。自分がピッチに出ていって、ヒーローになるんだ。そのときを待って、ウォーミングアップを続ける。

ドイツ戦で浅野の出番は、０－１でリードを許していた後半12分にやってきた。

薫と僕が呼ばれる。攻めるぞ、追いつくぞ、という合図だ。

「走って、仲間を助けてやってくれ」

「点、取ってこい」

森保さんに、声をかけられる。サンフレッチェ広島時代から、送り出されるときの言葉は同じままだ。W杯の舞台でも、まったく変わらない。ベンチでの様子もそうだ。この人、本当にどんなときでもいつも通りだな。その変わらなさにすごみを感じ、また、背中を押してもらえる気がする。

入ってすぐ、純也くんのクロスに頭から飛び込む。ダイビングヘッド。枠はとらえられなかった。でも、感じるのは手応えだ。

「今日、ゴール取れそうだぞ」

ゴールまでの26分間で浅野はシュート4本を放っている。いずれもリュディガーに、コースを切られたり、ブロックされたりしていた。

リュディガーにうまく守られてはいるけど、手強い、かなわないかもしれない、なんてことは思わない。むしろ、「全然、やれるな」という感覚だ。相手が良い選手、なんならドイツが僕らより格上というのは、分かりきっていることだ。10本シュートを打って、9本を止められることだって、ある意味では計算済みだ。残りの1本で、1点を取れればいい。

一度、右サイドに出たボールを追い、走り合いになる。リュディガーはももを振り上げる走りで、僕の行く手を阻む。後で、「なめられている」と話題になったと聞いたが、僕自身は何も感じていなかった。むしろ、一番に思ったのは自分のこと。「俺、遅いな」。ケガ明けでまだコンディション、スピードが戻り切っていない。万全なら振り切れたはずだと、現状を確認していた。

W杯カタール大会・ドイツ戦でリュディガーと対峙する浅野（提供：朝日新聞社）

ピッチに入った直後から、緊張を一切感じていない。それまでのどんな試合とも違う精神状態に入っていた。今の自分のすべてを出し切る。心の底から、その思いだけでプレーできている。

ここに至るまでの試合では、どれほど強気でプレーしていても、「ここでボールを失ってはいけない」「ここでシュートを外したらどうしよう」と考えてしまうことも多かった。

そんなマイナス思考が、一切なくなっている。

W杯という舞台がそうさせてくれるのだろうか。ボールを失っても、シュートを外しても、次のプレーでゴールを奪いたいと思うだけだ。

思えば、W杯までの試合の方が緊張していた。それは、ひとつひとつの試合、プレーが、「W杯のため」と本気で思ってきたからだ。ここでボールをつなぎ、チームのチャンスを作れると示すことが、代表での生き残りにつながる。このシュートを外したら、W杯に行けなくなるかもしれない。そんな緊張感を、いつも抱えてプレーしていた。W杯直前の親善試合だったカナダ戦でも、ケガだけはしてはいけないと思っていた。どうしたら負傷明けの右ひざに痛みが出るのか、出ないのか、探り探りだった。

余計な思考が一切、今は消えている。大げさに言えば、ケガなんてどうでもいいという心情だ。いざ、W杯の舞台に立ったら、あとは自分のすべてをぶつけるだけだ。

後半30分、日本が追いつく。三笘からのパスを受けて、南野がペナルティーエリア左に進入。シュート性のクロスをノイアーがはじき、こぼれ球を堂安が押し込んだ。

薫が球を持った瞬間、ゴール前に来たら絶対に自分が触るんだと考えた。拓実がうまく崩した。「来た！」と体が反応する。クロスを信じて、ゴール前に滑り込む。でもノイアーは、僕がいるのを分かっていた。ボールははじかれて、僕のもとには来ない。

決めたかった。決められる可能性が見えていたから、多少は「くそっ」と思う。でも、僕があそこに滑り込んだから、ノイアーも遠くへボールをはじき出せなかったのかもしれない。

自分のところにボールが来なかった時点で、「誰か！　触ってくれ」と願った。律が、よく詰めてくれた。ボールがゴールに吸い込まれる。自分が決められるかどうかは二の次だ。日本に勢いがついた。勝つための光が見えてきたのが、一番だ。

この1点で、実は一瞬、チームに安心感や満足感のようなものが漂うのは感じた。W杯の初戦は落とせない。追いついて、勝ち点を取れる可能性が出てきた。しかも相手はドイツで、引き分けても大金星みたいなものだ。負けるのが一番ダメ。先取点を取られた試合だったから、実際には勝ち点1でもOKだろう。チーム全体がブロックを敷いて、少し慎重に試合を運ぼうとしている。

そのこと自体は間違いでもなんでもないと思う。勝ち点は取れそうだ。あとは、同点のまま試合を終わらせるか、勝ち越しを狙うか。それだけの話だ。
僕は、勢いが日本にあると感じていた。途中出場だったこともある。勝ち点3を取れる試合だ。たとえ全員で自陣に引いてしっかり守っていても、自分は攻め気を失わずに、チャンスを絶対に逃さない。次の1点を、狙う。

それくらい集中していたからだろうか。実はその後の僕のゴールも、フリーキックからのプレーだったと試合後に映像を見て知ったほどだ。普通にビルドアップのパスからだと思っていた。どうやってフリーキックになったのかも、最初はまったく思い出せなかった。

実際は板倉がフリーキックで球を送る先を探していた。そのフリーキックも、遠藤と浅野のパス交換から遠藤が倒され、得たものだった。
試合直後に取材を受けるミックスゾーンで、浅野は次のような言葉を残している。

「準備してきたことが、ただただ結果につながっただけ。ゴールは結果論、過程が大事」
「4年前から、1日も欠かさずにこういう日を想像してきた。それが今日は、結果につながっただけ」

「今日の試合はヒーローになれた。ヒーローになった瞬間は、一瞬で終わる。結果が出ないときがくれば、またズドーンと落とされる」

念願のゴールを決めたにもかかわらず、喜びや興奮を表に出すどころか、むしろつとめて冷静だった。

僕がこういう日を迎えると思っていた人が、どれだけいるだろうか。

数えきれないほど批判を浴びてきた。「代表にいらない」という声や、ケガを抱えながら選ばれた後も「代表を辞退しろ」という声があったのも知ってはいる。SNSやネット上のコメント、記事などは、自分が気にしなくて済むように、あまり見ないようにしている。それでも届くものはある。自分自身のことよりも、僕の周りの人がそれを目にしたり聞いたりして、嫌な気分になっていないかが心配だった。僕も人間だから傷ついたり、むかついたりしないわけではないが、それすらも気にしないようにとやってきた。

そういう声を無視してきて、本当によかった。結果を出せない時期でも、信じてくれる人がいるのは分かっていた。何より僕自身が、自分に一番期待してきた。

良いときも悪いときも、結果が出たときも出なかったときも、僕は自分の姿勢を変えたことはない。僕を信じ、見ていてくれた人は、知っていると思う。

結果を出せたことはもちろんうれしい。ただ、結果が出たときに発する僕の言葉は、説得力を持ってしまう。何を言っても、正解になる。この日に至るまで、僕は結果が出ない時間の方が多かった。そのときも、同じことを言ってきた。なのに当時は間違いで、この日は正解と捉えられがちだ。それは違うと僕は思う。僕自身は何も変わらず、同じ姿勢だ。だから、試合後のミックスゾーンで「あまりしゃべりたくない」と言った。

ゴールそのものが、偶然とも必然とも言えるものだ。抜け出しがオフサイドになるかならないかは五分五分だ。トラップにしても、得意なプレーだといってもあの通りに止められるかどうかは僕の中で五分五分だ。シュロッターベックの前に入ってシュート体勢に入れるかは、成功と失敗が6対4。ノイアーのニア上を打ち抜いたシュートの確率に至っては、1対9くらいの割合だったと思う。

狙いはもちろん持っている。でも、サッカーのひとつひとつのプレーは不確実で、すべてが完璧に思い通りにいくことの方が少ない。そういうスポーツだ。

ただ、その五分五分の確率の半分を、1対9の1を、つかむために、僕たち選手は日々の練習を積み重ねている。

居残りでいろんなシュートを練習した。コンディションを整えるために食事の面から生活を見直してきた。当たり負けしないように筋トレを継続してきた。それがいつ、どんなプレーで実を結ぶかは分からない。もしかしたら、目に見える形になることの方が少ないのかもしれない。

人はそれを、日々の積み重ねや、努力だと言う。その努力をしている過程では、心が折れそうになることも確かにある。サボりたくなることだってある。そのたびに、自問自答してきた。

「ここでやらなかったら、サボったら、未来で後悔しないか」

そう思って、引き上げようとした練習ピッチに戻ったり、終えようとした筋トレを続けたりしたことが何度もある。

周りの人からは「努力している」とよく言ってもらえる。でも僕自身には、努力をしているという感覚がない。自分の夢、目標に向かって、やるべきことをやっているだけだ。それをやるか、やらないかで、夢がかなうかどうかが左右される。ならば、やるに決まっている。夢をかなえることは、確かに簡単じゃない。ただ、僕は、もしも夢がかなわなかったときに「あのとき、もっとやっておけばよかった」と思いたくない。やるべきことをやり尽くしたうえで、かなわなかった夢ならば、本当の意味で無理だったというだけだ。やり尽くさなかったら、無理かどうかも知ることができずに死んでいく。僕はそれが嫌だ。

こんな僕でも、過去を振り返ると、「あのときの自分はよくあんなにできていたな」と思うことは多々ある。後で振り返ったときに、初めて知る。「あれが、努力だったんだ」と。そこで思う。努力とは、今現在の自分が決めるのではなく、未来の自分が決めるものなのだ、と。だから、未来の自分に向けて、今に全力で取り組む。いつもそんな感覚でやってきた。

結果が出るたびに思う。僕は、人が「努力」と呼ぶ取り組みをやめられない。取り組みをしている最中は、無駄に終わるかもしれないなと思うことは幾度となくある。でも、続けていれば、未来に良い結果として出る。それが、いつになるかが分からないだけだ。無駄なことなんてひとつもない。そのことを、僕は知ってしまっている。

これまでの4年半のすべてが、このドイツ戦、そしてあのゴールにつながっていた。

殊勲のあとで

カタールでは、試合の日の夜と、翌日の午前中は宿舎で家族や友人と会う時間が設けられていた。

ドイツ戦の後はもちろん、みんなにすごく会いたかった。でも同時に、会いたくないような心情もあった。自分が、どんな気持ちになるのだろうか。それを知るのは、楽しみでもあり、少し怖かった。何かが終わってしまう。そんな感覚もあった。

今はまだ、ひとつの結果をつかみとっただけだ。次の試合がある。1勝しただけで、1次リーグの突破も決まっていない。スタートラインに立っただけなのに。この4年半、W杯に出る、そしてゴールを決める、そのためだけにすべてを捧げてきた。それを実現した。そして、その喜びをこれから家族と分かち合う。この4年半の楽しみが、夢が、目標が、終わってしまう。大げさに言えば、そう感じていた。

夕食を終えて、家族が待つ部屋に入った瞬間、今までにないような感情がこみ上げてきた。単純な言葉になるが、本当にうれしい。

W杯カタール大会・ドイツ戦後、家族や友人と喜びの「ジャガーポーズ」（提供：著者）

何かを、成し遂げられた。

そう思った。初めての感覚だ。それまでは、たとえゴールを取っても、勝利に貢献しても、日本代表でもクラブでも、満足感や達成感を感じられたことがない。W杯という一番大きな目標に向かうための、その手前にある小さな目標を達成していっているに過ぎなかったから。いつも、道の半ばだという感覚だった。

面会の中で、ゴール直後のみんなの様子を動画で見せてもらう。母が、みんなが、泣いていた。僕のゴールを、涙を流して、喜んでくれていた。どうりで、みんなの目が、真っ赤なうえに、少し腫れているわけだ。

僕自身は、誰かを、何かを、それほどまでに応援したことがない。応援する側の感情に立ったことがあまりない。だからこそ、自分のゴールが、こんなにも人の心を動かせるものなのかという新鮮な驚きを感じる。それも、一番近くで、一番僕を応援してくれた人たちが、そんな表情を見せてくれている。

それもまた、達成感に輪をかけた。

もちろん、頭の中は次の試合へ切り替わっている。もっともっと、活躍したい。もっともっと自分のゴールで、この人たちに喜んでもらいたい。次への意欲も強まっていく。

やっと、自分の大きな夢をかなえる姿を、この人たちに見せられた。W杯での日本の勝利に、ゴールで貢献するという夢を現実にできた。

そのことが、重い。4年半前、僕はこの人たちの期待に応えられずに、がっかりさせてしまっていたから。

第1章

落選――ベンチにすら入れなかったロシア大会

ドイツ戦からさかのぼること1637日前。2018年5月31日。午後4時から、W杯ロシア大会に臨む日本代表23人の発表が予定されていた。

あの日、僕は都内のホテルの一室にいた。

前日30日には日産スタジアムで、日本代表候補26人が親善試合ガーナ戦に臨んだ。4月に解任されたハリルホジッチ監督の後を継いだ西野朗監督の初陣で、日本は0－2の敗戦。当時23歳の浅野は、出番がなかったまま、運命の日を迎えていた。

ガーナ戦に出られず、アピールすらできなかったことが残念だ。所属先のシュツットガルトでスタメンの座を失い、W杯前の約半年間で出場機会を減らしてしまっていた。クラブでアピールができず、危機感が消えたことはない。僕ら若手を積極的に起用したハリルホジッチ監督も解任され、試合で西野監督にアピールできなかったのは悔しかった。

それでも、「最後の最後には滑り込めるやろう」という淡い期待があった。前年のアジア最終予選、ホームでのオーストラリア戦で、W杯本大会出場を決めたゴールを、自分が奪っていた。

日本代表に選ばれれば、記者会見などへの対応もあり、そのまま翌日に出発することになる。試合を終えてチームが一時解散したのちは、選出に備えて、都内で代理人と一緒にいた。発表直前に部屋でひとりにしてもらい、吉報を待つ。

メンバー発表の少し前、電話がかかってくる。西野監督からだ。

「残念だけど」という出だし。

「バックアップメンバーでロシアへ同行してほしい」

つまり、W杯を戦う23人から漏れた、という知らせだ。

それほど長い電話ではなかったはずだ。ただただ、頭が、真っ白になった。「どうしよう、どうしよう」。時間が、このまま止まっていてほしい。ひたすらにそう思っていた。

W杯へ行けるのか、ダメだったのか。発表の前に、父と母に伝えなければいけない。西野さんと話した後に、その電話をなかなかできない。高校を卒業して三重県・菰野町（こものちょう）の実家を離れてからは、そして2016年夏に海外へ移籍した後はなおさら、家族と電話するのが日課になり、毎日の楽しみになっている。そんな僕が、家族への電話をためらったのはこのときだけだ。

リオデジャネイロ五輪でも、プロ入り前の全国高校サッカー選手権でも、僕はチームが最後を迎える瞬間まで、その一員として常にいた。リオ五輪は1次リーグ敗退、高校選手権も準優勝が最高成績だったけど、自分が夢に挑む姿を、応援してくれている人に見せることはできた。それが今は——。自分の一番大きな夢をかなえられない。その舞台に挑むことさえできない。そう報告しなければいけない。初めてのことだ。だから悔しさ以上に、なんと言っていいのか分からない。戸惑いが大きい。

ようやく、最初に母に電話をかけた。「あかんかったわ」。そう伝えた後のことは、何を話したのか、どんな言葉が返ってきたのか、正直、記憶が曖昧だ。その後、父にはどう伝えたのかも覚えていない。それくらい、ショックを受けていた。

1%の可能性

ただ、西野監督からの打診には、その場で即答した。

「行きます」

返事をするまでに、いろんなことが頭をかけめぐった。時間的には短かったはずだが、感覚的には長かった。その一瞬で、頭をフル回転させて考え、判断した。

1%でも、W杯に出られる可能性が残っているかもしれない。それが一番の理由だ。

心身ともに、オフを取りたい気持ちはもちろんある。8月に始まる新シーズンはシュツットガルトからハノーバーへの移籍が決まっていた。早くオフを取ればその分、新しいチームにキャンプの頭から、万全の準備をしたうえで合流できる。そちらを優先するのも、自分の来季を考えたときには正解かもしれない。

ただ、W杯に帯同すること自体は、自分のこれからのサッカー人生にとって、必ず意味がある。迷いは一切ない。「日本代表と時間を過ごすことに、意味がないことなんて、絶対にない」。それが、僕の答えだ。

会社員の人でも同じことだと思う。上司にご飯や飲みに誘われて、断るか断らないか。行く人はそこに意味を見いだす。行かない人は意味を見いださなくて、面倒臭さが勝つ。そこで面倒臭くても行く人は、何かを得られるかもしれないと考える。何か話せば今後の仕事につながるかもしれない、その人との関係が良くなって仕事に役立つかもしれない、と。

大げさに言えば、自分が何かを得よう、学ぼう、つかみとろうと思っていれば、無駄なことなんてひとつもないように思っている。そんな考えがあるから、難しい状況でも、ロシア行きをすぐに決断した。

西野監督には「ありがとう」と声をかけられた。

現実とチャンス

6月2日。日本代表、そして同じくバックアップメンバーでの同行を了承したMF(ミッドフィルダー)井手口陽介とともに、浅野は日本を発った。事前合宿地はオーストリアのゼーフェルト。標高1000メートル超ののどかなリゾート地での合宿が始まると、今までにない険しい表情で、唇をかみしめながらボールを蹴る浅野の姿が、幾度となく見られた。

僕はやりきれない思いを抱えていた。ゲーム形式や戦術確認の練習が始まると、陽介と僕はみんなの輪から外れる。ピッチではみんながボールを追いかけ、攻めや守りの際の細かい局面ごとに、互いの意図をすりあわせようとしている。

その脇で、僕たち2人はゴールの裏に別のゴールを置いて、シュート練習をする。「おもんないな」とばかり感じる。チームの一員ではあっても、W杯を戦うメンバーではないと、痛いほど思い知らされる時間だ。

集中しているから当然だが、みんなは僕らのことをガン無視だ。「本当に、誰もこっちを気にしてへんな。どう思ってるんやろう、俺らのこと」。そんな風に考えてしまうこともある。

チームのために、23人をサポートする立場として、何をするべきか。何ができるのか。できることをやらなければいけない。頭では分かっていても、自分はそういう経験をしてこなかったのだなとも感じる時間だ。元々、声を出して盛り上げることや、何か言葉で周りを引っ張るような役割を、自然と担ってきた選手ではない。どちらかといえば、得意ではない。

バックアップメンバーとして、チームのみんなを後押しするための働きを、100%でできていたかどうか。もしもそう問われたら、自信を持って「できていた」と言うことはできない。

6月13日、日本代表はロシアでのベースキャンプ地・カザンに移動した。井手口はここ

で離脱。浅野は、引き続きチームに残ることを選んだ。

カザンの練習ピッチではある日、大会に臨むチームの集合写真の撮影が行われた。その際、並んだ列からひとり、寂しそうな顔で外れていく浅野がいた。

自分はどんな表情をしていたのだろうか。写真、撮りたくないな、と思ったのは確かだ。メンバーじゃなくても、日本代表の人たちは、決して自分をメンバー外扱いするような振る舞いはなかった。そんなことはしないとも分かっている。カメラマンも、メンバー23人のカットだけでなく、僕やスタッフも含めた「日本代表チーム」としての写真が撮りたいのも理解している。

それでもやはり、どうしても前向きにはなれない。「同情されているようで嫌だな」と思うのが正直なところだ。自分が着てピッチに立つことのない、背番号25番の代表ユニホームに袖を通さなければいけないのも苦しかった。断る権限もないから、嫌だと拒否するようなことはしない。でも、心はやっぱり少しざわつく。「どうせこの写真、使うことなんてないのに」と。

ただ、最後の最後までW杯をあきらめない気持ちはある。もしも、誰かがケガで離脱することになったら――。陽介も帰国した今、代わりにメンバー入りするのは自分だ。もちろん、誰かのケガを祈るわけでは決してない。そういう可能性があることを頭に入れて、何があってもいいようにという考えだ。

1％でも可能性が残っている限り、そこに向けて100％の準備をする。どんなに困難な状況であっても、僕はそうしてきた。今もそうだ。悔しく、みじめな思いを抱えることがあっても、W杯をあきらめる気持ちだけは、まったくなかった。

宝物になる岡崎慎司の言葉

実際に浅野がメンバー入りする可能性はそれなりに現実的だった。FW岡崎慎司の状態が思わしくなかったからだ。岡崎はイングランド1部リーグ（プレミアリーグ）で4月に左足首を負傷、実戦から遠ざかったまま代表に選ばれた。さらにオーストリアで6月12日に行った親善試合・パラグアイ戦で、ふくらはぎも痛めてしまっていた。

ケガを抱えた岡崎さんがW杯に間に合うかは、本当に最後の最後まで分からなかった。練習に入ることもできていなかった。本田（圭佑）さんや長友さんからは、「タクマ、あるぞ」「用意しとけよ」と言われていた。僕自身、よくないことかもしれないけれど、岡崎さんに対して「離脱してくれ」という思いがなかったわけではない。

メンバーの入れ替えは初戦の24時間前まで認められる。その期限が迫っていた日のことだ。

宿舎のトレーナールームで、岡崎さんにばったりと出くわした。僕はストレッチをしていて引き上げるところ。岡崎さんは治療終わりのようだ。

「ごめん、タクマ。俺、最後やから〜。今回は俺にやらせてくれ！」

冗談っぽく、でも真正面から目を合わせて、言われる。周囲の選手から無理だろうと思われているのも、岡崎さんは分かっている。僕のことも、疎ましく考えてもおかしくはない。だけど、僕を避けるのではなく、面と向かって思いを伝えてくれている。

「あ、この人はもう足が壊れても出るだろうな。ここで選手生命が終わったとしても、W杯に出るな」

僕が代わりにW杯のメンバーに入ることは、もうないかな。終わったな、と悟った瞬間だ。

プレミアリーグで優勝し、代表でも50得点以上を挙げて日本を何年も引っ張ってきた。それほどのことを成し遂げてきた人でさえも、いまだにこんなに強い思いがあり、出たいと思わせるのがW杯という舞台なんだ。自分が岡崎さんの立場だったとしても、そうするのだろう。

「これ以上ない実績を残してきた人が、ここで終わってもいいとまで本気で思える。W杯はそれほどの場所なんだ」と感じる。後輩で、しかも自分を脅（おびや）かしている僕に、逃げることなく思いをぶつけてくれている。岡崎さんの偉大さを思い、しびれた。そして、この人と競えたことを、本当によかったと思う。

このときの岡崎さんの言葉は、絶対に忘れることはない。自分の「宝物」になっている。

大会までの合宿中にも感じていた。岡崎さんをはじめ、本田さんに長友さん、長谷部（誠）さんに永嗣さん（川島）といったベテランと呼ばれる人たちが、「そこまでやるのか」と驚かされるほどに自分を追い込む。練習で手を抜かないなんて当たり前だ。筋トレも、体のケアも、声を出して要求しあうことも、若手や年齢が下の人たち以上にやっている。だから、何歳になっても日本代表に入り続けているのだと痛感した。日本代表は、そういう人たちが集まる場所なのだと。この人たちと比べたときに、自分は本当に全力を尽くして日々を過ごせているのか。改めて、問いかけられているようだ。

自分が下を向いている時間なんてない。この人たちに追いつき、追い抜いていくためには、もっともっとやらなければいけない。改めて、強く感じさせられた。

この出来事の後、西野監督からメンバーの差し替えはないと正式に伝えられた。そのときにはもう、悔しいだとか残念だという思いはなかった。気持ちは、これからに向けて切り替わっていた。

決戦前に伝えた思い

W杯ロシア大会の1次リーグ初戦のコロンビア戦を2日後に控え、6月17日夜に日本代表はカザンから約400キロ南西の地方都市・サランスクに入った。ホテルに着くなり、

長谷部が選手だけのミーティングを開くと呼びかけた。

ミーティングでは、23人全員がひとりずつ、W杯への思いを語る。

「4年前のブラジル大会で惨敗して、日本中からたたかれた。あの悔しさはもう二度と味わいたくない」。そんな風に言った岡崎さんのように、W杯を経験してきた人たちは過去の悔しさを乗り越えたいといった思いを吐露する。

初出場の選手も、思いはさまざまだ。

「楽しみたい。自分が活躍することを今から想像するだけでワクワクする」

「責任感やプレッシャーで、楽しむことは全然できそうにないけれど、とにかく100%で頑張る」

どれも本音で、心に響いてくる。口下手なGKの航輔（中村）だけは、何が言いたいのか伝わりきっていなかったが（笑）。僕は同年代で仲が良かったから、なんとなく彼の思いは分かるものの、「?・」という表情を浮かべる人もいる。

メンバー外の僕も、発言の機会をもらう。思いを、ありのままに伝える。

「4年前の悔しさや、日本中の注目を浴びるプレッシャー。僕は、どちらも自分で経験していないから、それについて何かを言うことはできないと思う。だから、メンバー外の気持ちを言います」

「W杯のメンバーに選ばれた瞬間を思い出してほしい。選ばれたことだけで、人生の最高潮に達するほどのうれしさや喜びがあったと思う。でも準備期間や練習、いろんな人からの応援を感じ、責任感やプレッシャーも出てきて、その人生いちの喜びを忘れてしまっている人もいるかもしれない」

「僕はW杯のメンバーから外れて、今までにない悔しさを味わった。喜びは忘れやすいものかもしれない。ただ、悔しさは忘れることなく、今もずっと残り続けている。W杯を戦う23人に選ばれることが、どれだけすごいことなのか。どれだけみんながすごい選手なのか。選ばれたときの喜びを忘れないで、プレーしてほしい」

「W杯で結果が出なければ、日本中からたたかれるかもしれない。だけど、そんなたたかれる経験ですら、できない僕からしてみたら、してみたい。たとえW杯でシュートを外し、ボコボコに負ける試合ばかりで、日本中から批判される未来しか待っていなかったとしても。それでも僕は、誰でもいいからメンバーを代わってほしい。それくらい、W杯に出たい」

すべて、心からの本心だった。きれいごとを言おうだとか、みんなを励ませるような良いことを言おうだとかは、これっぽっちも考えていなかった。

こうした浅野の思いは、間違いなく仲間の背中を押した。DF酒井宏樹は当時、こんな言葉を残していた。「控えに回る選手やメンバー外の拓磨が、悔しい気持ちは絶対あるのに、全力を尽くしている。すごく良い影響をチームに与えている」

ピッチが遠い

6月19日。日本はコロンビアとの初戦を迎えた。2014年のW杯ブラジル大会では1-4の惨敗を喫した因縁の相手との再戦だ。

試合はスタッフと一緒に、日本ベンチ裏のスタンドから見ることになった。

試合前にピッチへ降り、ロッカールームにも入る。ただ、ウォーミングアップの手伝いはできず、開始前にはスタンドに引き上げなければならない。チームの一員ではあっても、ピッチで何か力になることはできない。

選手入場、国歌斉唱のときから、なんとも言えないもどかしさを感じる。「ああ、遠いなあ」。ついさっきまで、一緒に過ごしていた人たちがすぐそこにいる。だけど彼らはピッチに立ち、僕は眺めていることしかできない。

開始6分。ＰＫを獲得した日本は香川真司が決め、幸先良く先取点を奪った。

日本がリードした瞬間は、すごくうれしかった。サポーターの方々とまったく同じ感情だ。ただ、やっぱり完全にサポーターにはなりきれなかった。

目の前のベンチでみんなが喜んでいる。すぐにでも、その輪に加わりたい。でも、一緒に喜ぶことすら許されない。みんな、この大一番に集中しており、まだ試合も序盤だ。だから当然のことだが、やはり僕の方を気にする人はいない。うれしいことが起きているはずなのに、悔しさや寂しさが消えない。

一度追いつかれた日本は、後半28分にコーナーキックからFW大迫勇也のヘディングで勝ち越す。

大迫さんの決勝点で、複雑な感情はより鮮明になる。みんなの喜びも、開始早々の先取点以上に爆発している。僕だって、いちサポーターとして本当にうれしい。これで勝てる、と思う。ヘディングをたたきこんだ逆サイド側のゴールから、日本のベンチへ向かって大迫さんが走り出してくる。すぐにでも駆け寄っていきたい。でも、自分がいるのはスタンドだ。「うわ。俺、別なんや」。改めて、現実を突きつけられる。

練習で別メニューになったことも含め、悔しさや寂しさは常につきまとっていたバックアップメンバーとしての期間だった。ただ、１％の可能性にかけて最後まで準備はできた。だから割りきれていたつもりだ。

でも、コロンビア戦の試合中だけはやはり違った。W杯メンバーと、メンバーでない者の差が、ただただ大きく、重い。W杯を現地で見られてよかった、日本の勝利を目にできてよかった、という感覚はなかった。「やっぱり出たかった。悔しい」という思いばかりだった。

終了の笛が鳴ると、すぐにピッチへ降りられる階段の前にある柵が開いた。そのまま、スタッフと一緒にチームの方へ駆け寄った。スタンドのサポーターへあいさつに向かうみんなについていく。僕らも、日本を応援してくれた人たちに感謝しようと。

グラウンドを一周する間も、みんなこの勝利に興奮していた。次の戦いへの反省や課題に目を向けようという雰囲気も漂っていた。試合直後の熱気で、すぐに僕の存在に気づかないのも仕方のないことだった。

そんな中でひとり、本田さんが僕に気づいて近寄ってきてくれた。目が合い、喜び合おうと近寄った。すると、本田さんがジャガーポーズをした。僕がゴールを決めたときのパフォーマンスだ。

「チームと一緒に、喜びを分かち合えた」。やっと、そう感じられた。

振り返ると、本田さんは事前合宿の間から、ちょくちょく僕を気にかけてくれていた。意外に思われるかもしれないが、何げない声をよくかけてもらった。本田さんの誕生日にテグさん（手倉森誠コーチ）のものまねをしたのだが、そのときも「タクマ、今日、振るからな」と、事前に根回しをされていた。

僕が最後まで気持ちを切らさずに前向きでいられたのも、こうした先輩の気遣いに救われた部分があったと思う。

次のW杯への戦い

劇的な勝利に沸いた試合から一夜明けた6月20日、浅野はチームを離れて日本に帰国することになった。

試合後にひとりひとりと握手して、別れのあいさつをした。

夕食の席では、真司さんと同じテーブルに座った。2010年のW杯南アフリカ大会では僕と同じバックアップメンバーの立場だった真司さんは、「この経験が必ず次につながるから」と声をかけてくれた。同じ思いをした人の言葉だからこそ、心に響く。

「僕は4年後のカタールW杯に向けて、みなさんよりも早く準備しておきます」

そう言い残し、翌朝の早朝にチームを離れた。みんなまだ休んでいる時間だった中で、永嗣さんがホテルのロビーで見送ってくれた。

オフを取るのは遅れたが、日本代表に同行してよかった。バックアップメンバーの経験は貴重で、やはり日本代表と過ごす時間に無駄なものなんてなかった。

一方で、僕が味わったのは、あくまで「バックアップメンバーとしてのW杯」だ。「メンバーとしてのW杯」ではない。次のW杯に必ず選ばれるという保証はない。次につながるものが本当に得られたのかどうかも、今ではなく、4年後の結果が出てみないと判断できないと思う。経験をしたこと自体は財産になる。それを未来の結果につなげられるかどうかは、これからの自分次第だ。

ロシアを飛び立つ飛行機の機内で誓う。

「今、この瞬間から。次のW杯への戦いが始まっている」

いよいよ、海外に出て3シーズン目になる。勝負の年だ。まずめざすのは、いまだに達成できていないクラブでのリーグ戦2桁得点だ。一日一日を無駄にしないように取り組むのは、これまで通り。W杯に出られなかったからといって、ロシア大会までの日々に後悔はしていない。もしも時間を巻き戻せたとしても、きっと同じことをやる。そう言えるだけのことはしてきた。

ただ、別の努力のやり方もあるのかもしれない。先輩たちの姿を見て、いろんなことに取り組もうという意識も出てくる。W杯には、ロシア大会で初出場し、カタール大会、その次まで、と3度は出たいと思い描いてきた。ロシア大会に出場できなかった今、カタール大会は何が何でも出たい。出なければいけない。

悔しさ、苦い思いを抱いた先で、決意と意欲をかきたてられてW杯カタール大会への道が始まった。ただそれは、浅野本人も想像できなかったであろう、茨の道だった。

第2章

苦闘——ブンデスリーガで思い知った現実

2018年7月。浅野は2年間を過ごしたシュツットガルトから、新天地のハノーバーへ移った。キャンプから早々にチーム内で頭角を現し、プレシーズンは6得点。ドイツ1部リーグ（ブンデスリーガ）でも、8月25日の開幕戦から先発出場した。

シーズンの出だしとしては、悪くないと見られていた。チームも上位との対戦も含めて2分け1敗。自分自身も好機に絡むことができていて、試合後のインタビューでも「手応えがあるでしょう」と問われた。

だが、僕の受け止めは違う。「決して良くない。このままではいけない」と思うばかりだ。確かにシュートは打てている。惜しいものもある。でも、それで終わってはいけない。

シュツットガルトでの経験が頭にある。プレー自体は悪くなくても、絶対的な存在感を出せなければ、他に数字を残す選手が出てきたときに起用されなくなった。加えて、W杯ロシア大会に行けない経験もした。いつまでも「手応えはある」「できる」と言っている場合ではない。得点やアシストという、目に見える数字を残さなければいけない。開幕3試合でその結果を出せていないのだから、僕としてはまったく満足できない。

そうは言っても、気負いすぎてもダメだ。僕は、意外と「緊張しい」だと自己分析している。ゴール、ゴール、と思い詰めてばかりいると、余計な力が入ったり、縮こまって消極的なプレーになったりしがちだ。そんな時期は、えてして点が取れない。ゴールへの意欲は強くあるべきだが、同時に力んではいけない。そのバランスが難しい。力みをとる一番の薬は、やっぱりゴールだ。一度取れると、余計な思考がなくなる。自分を楽にするためにも、結果が必要なのだ。

自分自身で、ゴールの引き出しがない、形が少ないとは思ったことがない。シュート練習は昔から好きで、居残りも含めて本当にいろんなシュートを練習してきた。体が大きくなくても、ヘディングも苦手ではない。どんなパターンでも、ゴールを決められる自信はある。ただ、そのゴールの引き出しを、試合中に開けられていない。そんな感覚を、最近はずっと抱えている。

開幕戦から3試合続けて先発出場した浅野だが、第4節に先発落ちする。

先発から外され、良いプレーをしているだけでは、本当に海外で生き残ってはいけないと改めて感じた。上に行けるか行けないかも、結果がすべてだ。本当に紙一重の世界だ。周囲の選手を見ても、上り詰めていくのも、落ちていくのも、あっという間だ。ただ、マイナスに考える必要はない。結果を出さなければいけない危機感と、自分自身の可能性への期待。この2つを強く抱えていた。

同僚・原口元気の存在

ハノーバーでは、同僚に日本代表選手がいる環境になった。原口元気だ。

ロシア大会直前までヘルタ・ベルリンからデュッセルドルフへ期限付き移籍していた元気くんも、新天地を探しているとは聞いていた。ただ一緒のチームになると知ったときは驚いた。

僕は、チームメートに日本人がいるかどうかはまったく気にならない。むしろ、日本人選手がいなくてもいいと思っている。どちらかといえば、僕は自分自身の世界に入り込んでいたい人間で、他人と群れられない。だから、日本人がいるかどうかといったコミュニケーション面を考えて、チームを決めたこともない。

そんな僕だから、シュツットガルト時代も自主練を淡々とやっていた。僕の知る限り、他国の選手は練習に重きを置かない。勝負は試合、という考えだ。練習の姿勢が試合につながる、とはあまり考えないのだと思う。だからチームメートから「なぜ全体練習の後もボールを蹴っているんだ？」と言われることもある。ただ、自分は自分、人は人。周りの声は気にならず、自分が必要だから、やりたいから、と練習に取り組んできた。

でも、ハノーバーでは元気くんと居残り練習を一緒にすることが増えた。普段からストイックな人でもある。同じ環境に、同じ目線で高め合える存在がいるのもいいなと思うようになった。

元気くんを見ているうちに、発見もあった。元気くんは、自主練習だろうが全体練習だろうが、ボールを蹴っていたらとにかく感情を表に出す。楽しそうにリフティングをする。シュートを外すと「あーっ」と大声で悔しがる。それを見て、周りのチームメートも、「あいつはああいうヤツだから」と思うようになっている。全体練習の開始前に、リフティングを最初に始めるのが元気くんだ。ボールを蹴りたい、楽しくサッカーをしようという姿勢が出て、周りに自然と仲間が集まってくる。こうやってチームの中で存在感を出す方法もあるのだなと感じる。

僕は試合や練習で熱くなったとしても、どこか頭は冷静で、客観的に状況を引いて見るようなところがある。それは、上から6人が男の7人きょうだいで三男という育ちも影響しているのかもしれない。兄2人が怒られているのを見て、「俺はあんなことはしない」「これをやると怒られるな」と観察し、自分に生かすようなところが昔からあった。

もちろん僕は僕で、元気くんは元気くんだ。だから僕が元気くんの真似をしたところで、おそらく同じことにはならない。とはいえ、自分との違いに日常から気づけるのは面白い。

恩師・森保監督の代表始動

W杯ロシア大会を16強で終えた日本代表は、西野監督が退き、森保一監督が率いることになった。浅野にとって、サンフレッチェ広島で3年半をともにした恩師だ。森保監督が初めて指揮する2018年9月の代表活動に、浅野は招集された。青山敏弘や佐々木翔ら広島で指導を受けた選手も多く、「森保チルドレン」と見られていた。

森保監督のことは僕自身、よく知っているつもりだ。監督が、僕のことを理解してくれているとも思う。ただ、だからといって、ひいき目で見てもらえる、代表に呼んでもらいやすい、などとは一切思わない。むしろそういう感情や、それによる余裕を少しでも持っていたら、見抜かれ、外されると考えている。森保さんはそういう人だ。

森保さんが最も嫌うのは、手を抜いたり、できることをやらなかったりすること。それもベテランか若手かは関係なく、厳しく指摘する姿を広島で見てきた。一方で、挑戦して失敗したことや、挑んだ結果のミスに対して、マイナスの感情は一切持たないと感じてきた。だからこそ、むしろ僕は身が引き締まる。チャレンジ精神を失わずに取り組めそうだと、プラスに捉えている。

9月の代表活動は札幌の地震で1試合が中止になった。もう1試合は途中出場。この中で、やはり、日本代表でプレーするのは楽しいなと感じられた。本当はもっと試合でプレーしたかったが、2試合が1試合になったことで、おそらく森保さんは僕を途中出場で考えるだろうなと思った。広島のときと一緒だ。

広島時代以来、2年ぶりに監督と選手として接した森保さんは、代表監督になったからといって何も変わっていなかった。ミーティングは試合前に1、2回で、30分程度。相手の分析は、ポイントポイントで伝えられた。それ以上に、自分たちがどういうチームをめざし、そのためには何が必要かを強調する。奇をてらった発言もしない。発せられるのは、むしろ当たり前のことが多い。球際で戦う、全力で最後まで走る・戦い抜く、攻守の切り替えを早くする。そんな当たり前のことを、力強く言えるのが森保さんだ。頭ではすでに分かっている基本的なことでも、映像で改めて思い起こさせられて、ピッチ上のプレーに表れるようになる。監督の求めるものを、自然と選手がやろうとする空気ができあがる。そして、ひとりひとりに自信を持たせるのもうまい。

だから、広島は強かったのだなと改めて感じた。毎週毎週、基本的なことを言われ、それを突き詰めていたからだ。日本代表でも、この先がどうなるかは分からない。ただ、良いチームになっていきそうだと感じることができた。

だからこそ、ここで生き残っていきたい。改めて、そう決意した。

クラブでも日本代表でも新たな一歩を踏み出した浅野に、試練が訪れる。10月6日のシュツットガルト戦。4試合ぶりに先発したこの試合で、左太ももを痛めてしまう。

古巣のシュツットガルトが相手で、僕の中では絶対に出たいと気合が入っていた。この日は偶然にも、母の誕生日でもあった。試合に向けた1週間の練習でパフォーマンスが良く、「絶対に点を取る。取れる」と意気込んでいた。

チームもリーグ戦で未勝利だった。だからこそ、自分にとっての舞台が整ったと思って臨んだ。そんな矢先で、早い時間帯のケガ。足を痛めた瞬間に思った。「マジか！　このタイミングか……」「最近の俺、持ってないな……」と。

プレーをしていくうちに、違和感がなくなっていくのではないかとも考えた。ただ、ダッシュもできない。悪化はさせたくない気持ちもあった。無理して続けるか交代を申し出るかと揺れていたら、監督に交代を命じられた。

10月の代表活動に呼ばれていたが、辞退せざるを得なくなった。試合直後、代表スタッフに連絡し、「代表に行ったとしてもプレーできないと思います」と伝えた。それを踏まえて森保監督が判断する、と言われた。まもなく日本サッカー協会からプレスリリースが出て、僕の参加は見送られた。

10月16日に日本は埼玉スタジアムでウルグアイと対戦し、4－3の点の取り合いを制した。2010年のW杯南アフリカ大会で4位、2018年のW杯ロシア大会では8強に入った南米の強豪を破った。

リハビリ中、たまたま代表のウルグアイ戦を見た。僕はサッカーをプレーすることは好きだけど、見ること自体はそれほどでもない。海外サッカーについてもあまり詳しくない。対戦相手のことも一般のサッカーファンと比べても知らないことが多いと思う。だから代表戦も自分が参加していないときは、練習と重なっていなければ見るという程度だ。ただ、この試合は見てよかった。

拓実（南野）や翔哉（中島）といった同世代が、律（堂安）たち年下の選手が、躍動する姿に刺激を受けた。俺もここでプレーしたいと、うずうずとする気持ちを抑えられなかった。

ウルグアイ戦では、特に2列目に入った20代前半の選手が躍動。2得点の南野拓実、代表初ゴールを決めた堂安律、そして10番を背負って好機を何度も作り、ドリブル突破でも沸かせた中島翔哉は、「三銃士」などともてはやされた。

日本の選手はミスを恐れない、いや、ミスのことなんて考えていないようなプレーをしていた。プレーの方向が常に前向きだった。代表歴が浅いからこそなのかもしれないが、良い意味での向こう見ずさや思い切りに満ちていた。

それは、最近の自分に足りていなかった部分だ。

思えば、自分も代表に呼ばれた当初はそうだった。海外組とプレーするのが初めてだった2016年6月3日のブルガリア戦では、蹴らせてほしいと頼んでPKを蹴り、代表初ゴールを取った。

でも徐々に代表に呼ばれることが続き、少しずつ定着できるにつれて、ミスをすることの意味を考えるようになっていた。いろんな選手とコミュニケーションを取り、フォアザチームの考えが大きくなるほど、ミスをしてはいけないと考えるようになっていた。ミスが怖いというよりも、チームを助けるためにミスをしてはいけない、という考え方だ。その影響なのか、アグレッシブさよりも、周りに気を遣うようなプレーが少しずつ増えていたように思う。

もちろん、失うものがないような感覚をみんなが4年後も持ち続けられているかといったら、それはまた別の話だ。でも少なくとも、今の自分には足りていない部分だなとは感じる。ミスが怖いなんて言っている場合じゃないな。簡単ではないけど、アグレッシブなプレーを僕もどんどんしたい。そうしなければ、年齢が下の選手が次々に出てきて、置いていかれる。そう気づかされた。

何より、自分もまだまだ日本代表に絶対的に定着するような選手ではない。

「常に、俺はチャレンジャーやな」

テレビの前で、思っていた。

4年を90分で考える

10月の代表戦を回避した浅野は、10月20日のレーバークーゼン戦でベンチ入り。30日のドイツ杯2回戦のウォルフスブルク戦で先発復帰するが、この試合で再び左太ももを痛めた。11月の代表活動も、断念せざるを得なくなった。

クラブでの活躍が大前提ながら、もちろん日本代表の活動が頭を離れたことはなかった。W杯ロシア大会後の最初の3回の活動（9、10、11月）に関しても、スタートが大事だと考えていた。

9月は参加できたが、残りの2回はケガで参加できなかった。出遅れた。

このころに思いつき、その後も自分の軸になってきた考えがある。それは、「W杯までの4年間を、1試合の90分に置き換えて考える」という思考だ。

W杯ロシア大会のメンバーから最後の最後に外れた僕だからこそ、思いついたのかもしれない。サッカーの試合は、90分プラス、アディショナルタイムを終えたときに、勝っていればいい。そう思ったときに、ロシアまでの自分を振り返ってみたら——。前半と後半30〜35分くらいまでは、勝ちを引き寄せられそうだった。だけど最後の10〜15分がよくなくて、結果、試合で負けた。そんな思いがあった。

シュツットガルトでチームメートだったＦＷマリオ・ゴメスの存在も大きい。シュツットガルトの下部組織で育ち、最盛期はバイエルン・ミュンヘンやドイツ代表で活躍したストライカーだ。シュツットガルトには２０１７年12月、キャリア晩年の32歳で加わり、同僚になった。マリオは加入してからの半年で16試合8得点、シュツットガルトを逆転残留に導いた。この時期はW杯ロシア大会の半年前、その期間の絶好調のおかげでドイツ代表にまで滑り込んだ。

僕にとっては、レギュラーを奪われた張本人だ。W杯ロシア大会までの代表入りでたどった道のりも、滑り込んだ彼と、出場機会を失って外れた僕とでは正反対だ。だからこそ、学ぶところや感じることが多かった。

マリオは練習では全然よくない、間違いなく僕の方がやれていた。だけど、試合になればマリオは点を取る。試合中もハードワークをするわけではなく、むしろ消えている時間の方が多い。なのに、ここぞという場面でゴール前に顔を出し、1、2本のチャンスを決めきって、チームを勝利に導く。

FWは「マリオ作戦」でもいいんだ。そんな実感も、4年をトータルで考えることにつながっていた。

もちろん、先のことばかり考えて、今は手を抜いても大丈夫ということではない。試合でもひとつひとつのプレーを大事にしていなければ、ゴールも勝利も引き寄せられないとも考えている。

大きな目標へ向かって、目の前の努力を積み重ねて到達するという考え方がある。それはそれで正解なのだろうが、僕はほんの少し違う実感を持っている。目標にたどりつくには、必要な努力の量や数があって、そのひとつでもサボったり手を抜いたりしたならば、目標に到達することはできない。そんな風に考えている。

だから、目の前のことを疎(おろそ)かにすることは決してない。同時に最大の目標も忘れない。それは、W杯に出て、活躍することだ。

ロシアまでの〝試合〟は勝てなかった僕だけど、勝てたマリオを間近で見ている。だから、ある意味では〝勝ち方〟を知っているとも思っていた。余裕を持てるとまではいかないが、焦らなくていいとは思える。ケガを治すことだって、最後に勝利をつかむために大事なことだ。「4年間の1試合」は気が遠くなるほど長く感じる。ただ、あながち間違ってもいないだろう。

出遅れたこの3カ月も、4年を90分で考えれば——。まだ開始から5〜6分くらいしか経っていない。それに僕なんて広島時代は、最後の15〜30分しか出ていないことが多かった。そこで点を取り、チームが勝って評価された。海外移籍も果たせた。一番大事なことは試合に勝つこと、そのためにゴールを取ることだ。

焦るのは、今じゃない。そんな風に自分に言い聞かせていた。

ケガの悔しさ

日本代表は2019年1月にアジアカップを控えていた。浅野は、出遅れたという本人の認識はともかく、2018年12月に発表された代表メンバーにいったんは名を連ねた。ただ、3度目の負傷に見舞われる。過去2回とは違う部位を痛めた。腸腰筋といわれる腰回りのインナーマッスルだった。

王者バイエルン・ミュンヘンとの試合だった。前半の途中で、「あ、これは何かやったな」と足腰に違和感があった。後半に交代となったが、それは監督に動きが悪いと思われたからだ。自分からケガを申し出たわけではなかった。

僕は「痛いからもうできない」「交代したい」と自分から言いたくない。それは多少足が痛かろうと、点が取れるかもしれないという可能性にかけたいからだ。粘っていれば点を取れるかも、とつい考えてしまう。普段の生活では遠慮なくノーとすぐ言えるのに、試合中はノーと言えない。

ここでも、育った環境の影響があるのかもしれない。男6人がいるきょうだいでは、食事のときに少しでもぼーっとしてスキを見せると、メシがなくなる（笑）。サッカーでも結果を出せる可能性を、みすみす手放すことができない。自分が点を決めて、チームがリードしていれば、それから交代を求めよう。いつもそんな考えでいた。

こうした考えは、未熟だった。ケガのことを自分から言う大切さを分かっていなかった。本当の意味で、まだまだプロフェッショナリズムが欠けていた。

でもそれも伸びしろだ。

ケガを短期間で繰り返したのは、間違いなくプロフェッショナリズムの不足が問題だ。特に2度目のケガは、1度目のケガの後に早々に復帰したのがよくなかった。再発が怖いと思いながら、練習をしてみたら特にプレーに問題はなかった。だから張りが残っているのに、監督やスタッフから状態を問われたら、「大丈夫」と言っていた。あのときは、ベンチに復帰した試合でも全体練習に合流したのは試合3日前だった。結局、出番はなかったが、その後に先発した試合で負傷したことを考えても、やはりもっと慎重になるべきだった。

実は、海外に渡ってから体のケアには難しさを感じていた。クラブのトレーナーにマッサージや体のケアを頼んでも、日本のように体全体のバランスを考えてやってはもらえない。痛い、気になる、と言った部分はやってくれる。だが極端に言えば、それ以外の部位は、こちらから言わない限りは気にかけてもらえない。痛みがある部位は自分で分かるが、その痛みがどこから来ているのか、他の部位からの影響があるのか。自分だけでは気づけないことが、どうしてもある。

僕の体を理解してもらえる専属トレーナーをつけることも、本格的に検討しなければいけないと考えていた。代理人にも相談したが、居住地などさまざまな問題で専属でお願いできる人を見つけるのは、なかなか難しかった。

ただ、定期的にケアをしてもらえる日本人トレーナーを見つけることはできた。

そのトレーナーは、貴重な気づきをもたらしてくれた。3度目のケガは、2度肉離れした左太ももをかばう動きがあったからかもしれない、という。確かに、心当たりはあった。

さらに面白いことも言われた。

腸腰筋をケガするサッカー選手は、めったにいないらしい。この部位からは、普通はケガにつながるほどのパワーは出力されないということだ。

無理やり前向きに捉えれば、そんなところにまで僕はパワーがついているのだろう。ある意味では、体幹も含めて長年鍛えてきた成果だ。この小さな体の日本人が、ヨーロッパでもパワーで劣っていないんだぞ、と自信はついた。「ケガが治ったら、今に見ていろよ」と思う。もっとも、だからこそ、なおさらケガをしたくない、という結論になるのだけれども。

結局、3度目のケガで、アジアカップを辞退せざるを得なかったところで、僕の2018年が終わった。

こんなに悔しい1年があっただろうか。前半はシュツットガルトで結果を残せなかった。監督交代があり、マリオの活躍があって、出場機会を失った。それも影響して、W杯のメンバーに入れなかった。後半はハノーバーでケガを繰り返した。代表にも選ばれていたのに、辞退を繰り返してしまった。

人からは、挫折を味わったと見られるのだろう。誰が見たって、僕のこの1年は良くないものだ。でも僕は悔しさはあっても、挫折という感覚を持ったことがない。

そもそも悔しさや喜びといった感情の大きさは、経験したものによって変わってくると思う。

僕の場合は、高校選手権で決勝に進んだときに、当時は「今までで一番の喜び」と感じた。そして準優勝に終わり「今までで一番の悔しさ」と感じた。

決して、その喜びと悔しさを忘れたことはない。ただ、プロになれた瞬間、代表に入ったとき、代表でゴールを決めたとき、と、経験することが大きくなるにつれて、「一番の喜び」が更新されていった。その分、悔しさも大きくなっていく。ゴールを外したとき、代表戦で負けたとき、W杯に行けなかったとき。「一番の悔しさ」も更新された。ただ、この悔しさの後に現れる喜びもまた、とてつもなく大きくなる。

それを知り、実感しているから、どんなに悔しい思いをしても、僕はサッカーを続けていく、夢を追い続けるしか選択肢がない。経験を積み重ねると、かつては一番だと思っていた喜びや悔しさも、小さく思う。そんな感覚だ。

それも「成長」だと、僕は思う。結果が出ていないこの1年も、自分ではサッカー選手として成長できていると実感している。悔しい思いをしたこの1年があった。では、次は結果を出すためにどうしようか。その考えだけだ。サッカー選手になって6年目が終わった。この2018年はうまくいかなかったかもしれない。ただ、いつかこう言える日が必ず来る。周りからは挫折と見られた時間も変わらずに努力を続けたから、また新たな「一番の喜び」を得た、と。そして、今抱えている悔しさも小さなものに思える、と。

2019年1月のアジアカップで、日本代表は準優勝だった。

きれいごとではない本音を言えば、代表に呼ばれなかった選手は、自分がいない日本が負けてもいい、と心のどこかで思っていると思う。一方で、そうじゃない姿を見せてほしいとも思っている。日本代表は、周りからどんな負の感情や批判を向けられたとしても、それをはねのけて勝ち続けられる集団でありたい、あってほしい。だから優勝してほしかったし、その力もあったと思う。同時に、「俺がいれば優勝に導けた」とも思う。どちらの感情も、代表を狙っている選手ならば必ず抱くものだ。

何でも思い通りになれば、世界なんて楽しいだけに決まっている。だけど、それでは面白くもない、頑張ろうとも思えない。困難があるから、そしてそれを乗り越えるから、達成感も生まれる。

だから僕は、「緊張しい」なのに、プレッシャーが欲しい。山あり谷ありの人生の方が、生きているなと実感できる。

専属料理人との契約

自身の体と向き合う日々の中で、浅野は専属料理人との契約を決断する。2019年1月から、2021年4月にセルビアを離れるまでの2年超をともに過ごす。試合前日のホテル泊などチームで食事を摂るとき以外は、毎日の3食を用意してもらう契約だった。

食事は大事だと分かっていながら、ひとりではどうしても時間の制約や疲労があって突き詰められずにいた。栄養摂取のバランスはもちろん気を遣っているが、限界もある。朝はパンやサンドイッチで済ますことが多くなっていた。夕食も肉と野菜をまとめて炒めるだけになりがちだった。毎日、決まった時間に食事をすることも難しい。連戦などがあると、トレーニングの時間が動いてしまうからだ。

日本代表でも本田さんや長友さんは料理人を専属でつけていて、真司さん（香川）も専属という形ではないがお願いしている人がいると聞いていた。代表の先輩に海外移籍について相談したときも、最初につけた方がいいとアドバイスされてきたのが料理人だった。

ハノーバーに移籍してから、専属で契約できる人を本格的に探していた。ようやく見つかり、実際に何度か作りに来てもらった末に、お願いすることに決めた。

1日の始まりから変わった。まず朝食。サバの味噌煮、ひじきや梅干しに、小鉢や味噌汁までついてくる。彩りがあって、バランスのとれた和食を食べてから練習に向かえる。

今のハノーバーは、全選手がクラブハウスで朝食をともにするのが決まりだが、用意される食事は、チーズやハムにパンといった簡易的なものだ。何を摂るかということよりも、みんなで同じ時間を過ごすことに監督は意味を見いだしている。だから、僕は家でバランスのとれた和食を食べてから、チームの朝食会場に向かう。その時間はコーヒータイムに充てるようになった。

練習が午前にある場合は、だいたい10時半開始とすると、朝食会場集合が9時。だから僕は自宅で8時に朝食を摂って、出かける。これをひとりでやろうとすると、なかなか睡眠時間を確保できない。料理人がいることで、毎日、同じ時間に起きて、同じ時間に朝食を摂れるようになった。

昼と夜も自分が望むタイミングで食事ができる。回復のためにトレーニング後はなるべく早く食べたい。だから練習場を出る前に料理人へ連絡し、帰宅後すぐ食事ができるようにしてもらっていた。

元々、食べることは好きだ。でも、自炊をしていると、買い出しの時間なども含めてどうしても面倒に感じてしまう部分が出てくる。そんな食事の時間が、より楽しくなったのも精神的にいい。

外食が少なくなったのも、楽になった部分だ。外食だとどうしても同じ店に行くことが多くなる。同じメニューを頼みがちになる。加えて、ありがたいことなのだけれども、難しいのがお店からのサービスだ。頼んでいないおかずやデザートなどの一品を、よかれと思って出してくれることがあった。善意・親切だから、断るのは申し訳ない。でも、量や栄養のバランスを考えると、残さざるを得ないと葛藤することがあった。

料理人をつけたことで、そうした諸々から解放された。バランスも量も、満足がいく食事を常に摂取することができている。バリエーションも豊富で、何が出てくるかが毎食の楽しみにもなった。僕はグルメでもなく、料理の名前もよく知らないから、「これはなんになれる。

というメニューですか」と聞いている。それだけで、なんだか人生得しているような気分

専属で契約する際には、仕事のことはもちろんだけれども、それ以上に人間性の部分も大事だと考えていた。ひとことで言えば、リスペクトしあえる人と契約しようと考えていた。いつか契約は終わるとしても、その後も縁は長く続いて、終わらないものになるのかいいなと考えた。友だちになるのも違えば、極度の人見知りでも困る。

専属で契約した料理人は理想的だった。年齢が同じ。日本からドイツに渡り、日本料理店で働いていて、これからを考えていた時期だった。アスリートの栄養に関わる仕事に興味があり、チャレンジを模索していたところだった。

「俺でどんどん試して、挑戦してほしい」と伝えていた。彼にとっても、この契約を通して将来にプラスになるものをつかんでもらえれば、それが一番だ。

買い出しや、自宅に必要な調理器具の準備も任せている。さすが料理人、と思ったのはミキサーを買いたいと相談されたこと。ミキサーに野菜をかけて、スープを作りたいとのことだった。なるほど。スープってなかなか外食で頼まないもので、頭になかった。だけ

ど、栄養満点で胃腸にも優しい。日々、変化もある。またひとつ、楽しみが増えた。

もちろん、食事面を変えたからといって、すぐにサッカーのプレーに、ピッチ上の結果に表れるかどうかはまた別の話だ。でも、もしかしたらケガが少なくなるかもしれない。コンディションを整えやすくなるかもしれない。その可能性が少しでもあるのならば、挑戦してみよう。成果が出るには時間がかかるだろう。その成果も、分かりやすく表れてくるものなのかは分からない。そうであっても、楽しんで、前向きに、変化にチャレンジできていることは確かだ。

干される日々

浮上のために試行錯誤を重ねていた浅野。ただ、ハノーバーは低迷した。監督交代もあったが、3月末までにリーグ27試合を終えてわずか3勝、勝ち点13で降格圏に沈んでいた。そのさなか、浅野に試練が訪れる。

実は僕がハノーバーに期限付き移籍した際に結んだ契約には、買い取り条項があった。

出場が一定の試合数に達したら、ハノーバーはアーセナルから僕を完全移籍で買い取るというものだ。クラブのトップであるマルティン・キント会長が、この条項を行使したくないと言い出した。僕を買い取りたくないので、その条件を満たさないように僕を試合に出すなとチームに言っていた。

3月の半ばごろ、一度、監督に呼ばれて話をされた。この契約の存在を僕が意識した最初のタイミングだ。そのうえで、監督は言ってくれた。

「俺は使いたい。そんなことは関係ない」

「使うか使わないかは、俺が決める」

だから、正直なところ、大した問題ではないと思っていた。

4月5日、ウォルフスブルク戦に向けた前日練習を終えたときだ。ヘッドコーチから「ちょっと監督と話そう」と呼び出された。チームがバスで出発する時間が迫る中で、監督から「タクマを使いたいのだが、使えない」とベンチ外を告げられた。

この話をされる前に、トレーニング終わりで練習場から引き上げる際にチームメートから言われていた。

「今の状況は良くないね」「会長はクソだ」

「何を言っているんだ?」と僕は思っていた。後から聞けば、その日の朝に、「浅野は今後起用しない」という会長の言葉が現地で報道されていたらしい。僕は現地の報道を見ないから知らなかったが、チームメートは目にしていたようだ。

僕自身は「実際にベンチ外になってしまうところまで来ているな」とは思ったものの、まだ事態をそれほど深刻に捉えていなかった。代理人に相談した後も、「まだまだ流れが変わることもある」くらいの考えでいた。監督も信頼を口にしてくれていたし、その思いにウソはないと話をする中で感じられていたからだ。

シュツットガルトのときには半年間、試合に出られなかった。あのときはマリオ・ゴメスが大活躍して、そのおかげでチームも負けていなかった。だからメンバーを変える理由がなく、僕が割って入る余地がなかった。それに比べたら、今はまだまだチャンスがある。チームはまったく勝てず、浮上のきっかけもつかめていない。誰にでも、次のチャンスがある。練習で良いパフォーマンスを見せているのは自分だ。これを続けていれば、勝てないチームは必ず僕を必要とするときが来る。

ただ事態は期待とは裏腹に進む。ウォルフスブルク戦の翌日には、浅野を買い取る意向を持っていた強化責任者が解任される。浅野はその翌週のボルシアMG戦、翌々週のヘルタ・ベルリン戦でもベンチ外になる。

3週目に入っても状況が変わらず、さすがに精神的にこたえた。練習中にふと、「この練習、なんのためにやっているのかな」と考えてしまう瞬間がある。初めて感じる難しさだ。もちろん、日々の目の前の練習、プレーに全力を尽くしていくのが僕だ。だけど、目の前に試合があり、ケガもしていないのに、練習で一番良いプレーを見せられても、次に出番がないことが分かっている。

チーム練習の中では干されるようなことはない。周りと同じようにこれまで通りにやっている。戦術練習でも、監督はこれまで通りに交代で選手を試し、僕もそのローテーションに普通に入っている。

そんな僕へ、チームメートは言う。「もう日本に帰って、オフを過ごしたら」「意味ないんだから、休んでいていいだろう」と。彼らは割りきる、だから出番がないのに練習を続けている僕を少し不思議に思っているようだ。

悔しさやもどかしさはもちろんある。でも、僕は気にせず、あえてこう考えた。試合のことを考えてセーブすることなく、体を追い込める期間だ。コンディションを整えようとせず、居残りで好きなだけ練習に打ち込んでいい。成長する期間、個人の課題やレベルアップに取り組む期間にしよう、と。

僕以上に、元気くんが心配してくれた。僕と監督が話をするときには、元気くんも一緒だ。監督はドイツに住んで長い元気くんを通訳として呼ぶのだ。監督と話した後も、元気くんが僕以上に落ち込んでいた。

「タクが会長と話すべきだ」

「タクはもっと代理人と話して、状況を分かってもらわないと」

慰めるように、頭をぽんぽんとたたかれた。

ただ、僕はどこか割りきるようにもなっていた。割りきるしかない状況ではあるが、こんな考え方も出てくる。あと数試合出てしまえば、来季もハノーバーでプレーすることになってしまう、と。

この状況になってしまったことで、ハノーバーに対して良い感情を持てないのも正直なところだ。必要とされていない、ということだから。それでも、出たい、出たい、という姿勢を前面に出すべきなのか。それこそ、会長に直談判するべきなのか。

僕の心の中では、違う結論だ。今より良いチームを探そう、もっと良いチームに行けるように努力しよう、チャンスが来たときにつかめる準備を怠らないでおこう、と。

割りきったとはいえ、そんな考え方は今までの自分に反しているという葛藤はある。いつだって目の前のことを見て、100%を注いできた。次の試合に出ることだけを考えれば、監督や会長に自分からもっと「絶対にハノーバーでやりたい」と言うべきなのかもしれない。でも、今の僕は先のことばかりを考えてしまっている。

ただ、この状況でも周りを恨めしく思うことはできない。すべて、自分のせいだ。何度もケガをしていなければ、とっくに出場試合数はクリアしていて、会長もこんなことを考えはしなかっただろう。ゴールを量産していれば、ハノーバーが買い取るかどうか以前に、他のチームからぜひ来てほしいというオファーもあっただろう。すべて自分がピッチで結果を出せなかったから、招いた状況だ。

こうした苦境に立ったことで、アーセナルと契約したことを後悔しないか、と問われることもあった。確かに契約最終年の来季も、イングランド1部リーグでプレーするのは難しいだろう。レンタルを繰り返し、そこで結果を出せずに、夢をかなえられなかった。そう見られるのは確かだ。

でも、僕自身に後悔はなかった。

2016年夏、アーセナルとの契約へ向かう前に日本で問われたことがある。宮市亮さんの例を引き合いに、ビッグクラブと契約してもレンタルでたらい回しになる危険性があるという話をされた。

当時、僕はこう答えた。

「宮市さんはアーセナルと契約したことを、絶対に後悔していないと思う」

「万が一、僕がうまくいかなかったとしても、僕は絶対に後悔しない」

悔しいことに、今の僕はあのときに心配された通りになってしまってはいる。それでも、当時言ったように、後悔はひとつもない。プレミアリーグでプレーできていないことは、もちろん悔しい。ただ、一番大きな自分の可能性をつかみに行った当時の決断と、その舞台でプレーしようと積み重ねてきたことは、すべて自分のためになっているからだ。

次にどんなチームからオファーが来るのか。厳しい状況だとは分かっている。ただ、Jリーグに戻る気持ちはない。海外に出て、僕はまだ何も成し遂げていない。今はまだ帰れない。

それに24年生きてきていろいろあったように思うが、人生全体で100歳まで生きると思えば、まだ4分の1くらいしか過ぎていない。ここ最近の苦しさなんて、たった一瞬の、ちっぽけな出来事だ。僕にはまだまだ、伸びしろしかない。未来に、あのときはちっぽけなことで悩んでいたなあと、笑える日が来るだろう。

かつては、海外に行くかどうか、アーセナルと契約するかどうかを悩んでいた。それも、今思えばなぜあんなに悩んでいたのかと思う。挑戦したから、当時の大きな悩みが、今は小さな悩みだったと言えるようになっている。

内田篤人からのメール

結局、このシーズンで浅野は最後まで出番を得られなかった。ハノーバーも17位で2部へと降格。次の所属先を探すことになった。

僕自身は、あまりネガティブには考えていなかった。ただ、僕を見る周りの目は徐々に厳しくなるだろう。悔しいのは、日本で「浅野、Jリーグ復帰か」という記事が出たこと。僕はまだ日本に戻る気はなく、オファーをもらったとしても、どの国でもいい、2部でもいいので、海外で戦いを続けるつもりだ。実際、そうした話もちらほらあり、どこに行くべきか、もう少しオファーを待つか、と考えている。

ただ、「もう欧州で通用しない」と周りからみられていることはよく分かった。もちろん、結果が出ていないから仕方はない。

僕のSNSにも、やはりネガティブな声が届いていた。でも、そんな声はスルー。気にしないのが一番だ。

こう言うと、僕のことを精神的に強い、底抜けに前向きだ、と考える人もいるのかもしれない。ただ、本来の僕は周りからの視線や言われることが気になるし、人並みに落ち込むこともある性格だ。

それが「ポン」と、音を立てるように今のメンタリティーに切り替わった瞬間がある。

あれは2016年6月7日のキリンカップのことだった。

大阪・吹田スタジアムで、日本代表は1－2でボスニア・ヘルツェゴビナに敗れた。当時はサンフレッチェ広島に所属していた浅野はその4日前、ブルガリアに大勝した試合で日本代表での初ゴールを挙げていた。

あの代表活動で、僕は海外組の人たちと初めて一緒になった。乗りに乗っていたつもりだったが、ボスニア・ヘルツェゴビナ戦は何度もシュートを外した。何よりも悔しかったのは、ゴール前の大チャンスで、シュートを打たずに、横パスを選択した場面。この大チャンスをものにできずに、日本も敗れた。

当然、ブーイングを浴びた。ＳＮＳでもたたかれた。試合後、広島に帰りたくないなと思っていた。「うわっ、これが日本代表の影響力なんだ」と怖くなった。

サッカー選手である以上、称賛されることもあれば批判されることもある。頭では分かっていた。広島でもある程度は体感してきたつもりだ。ただ、日本代表は違った。全国に影響力があり、日本中からたたかれる意味や怖さを知ってしまった試合だった。

ボスニア・ヘルツェゴビナ戦の後、浅野はピッチで涙を流した。バスに乗る前のミックスゾーンでは、ゴール前でのパスを問われ、こう言葉を残した。「シュートを打てばよかった。後悔している」

ミックスゾーンを抜けて、チームバスの席に座ったところで、携帯電話を見た。内田篤人さんからメールが届いていた。

内田さんはひざの状態が思わしくなく、試合には出られないものの、リハビリをしながら代表と行動をともにしていた。僕はそこで初めてお会いした。まだそれほど親しくもなかったから、驚いた。

「みんなよくあるミス。関係なし。シュート打てばよかった、なんて言うなよ」

「横へパスを出した方がゴールの確率が高いと思って出した。後悔はしてない、って言えばいい。ウソでもいいから」


読んで、鳥肌が立った。

自分の心の弱さを、見透かされていたようだった。

「このままでは、俺、消えていくな。代表に残れないな」。すぐにそう感じた。


日本代表に入り、そして入り続ける人は、これくらいのメンタリティーでなければいけないのだ。「ウソでもいいから」という言葉が特に響いた。このメッセージをもらっていなかったら、広島に帰ってからも、「後悔している」と言い続けていただろう。

それではいけないのだ。バッシングは受け流し、いちいち気にしてはいけない。それこそ、ウソをついてでも、周りにどう思われようと、自分を高めることだけに集中していかないといけない。

周りを気にしたところで、自分に何かがプラスされるわけではない。代表で生き残り続けられるかどうかも、サッカーの世界ではい上がれるかどうかも、結局は自分が何をするか次第だ。自分の未来の可能性を、自分が誰よりも信じ続けるしかない。

あの内田さんのメール以降、周りに何を言われようと気にしないようになった。気にならなくなった。そして、自分を信じ続ける気持ちを忘れたことはない。

それは、ハノーバーからの移籍先を探していた間も同じだった。

第3章

底辺——出場機会を求めてセルビアへ

２０１９年夏。保有元のアーセナルとの契約を１年残し、浅野はセルビア１部リーグ・パルチザン・ベオグラードへの完全移籍を決断する。３年契約を結んだ。

セルビアって、どこ？　パルチザンから獲得の打診が来ていると聞いたとき、最初に抱いた偽りのない感想だ。そもそも国が世界のどこに位置するのか、ヨーロッパなのかどうかさえも知らなかった。そんなわけだから、最初はまったく行く気がなかった。

実は、移籍を決めるまでに2度オファーを断った。早い段階で断りを入れ、その後も西ヨーロッパのチームを考えていた。ドイツやスペインの2部リーグ、フランスなども視野に入れ、探していた。パルチザンは2度目の断りを入れた後も、「うちは待っている」と言ってくれた。なかなか次のチームが決まらない焦りと同時に、これほどまでに欲してくれているチームを断るもったいなさも芽生えていた。3回目はさすがにないだろう。だけど、もしもチームが決まらないまま、次のオファーが来たら今度は受けよう、と思っていた。

一方で、日本代表のことを考えると、セルビアに行ってしまうと目につかなくなる心配もあった。セルビアリーグの試合は日本で映像配信がなく、試合結果もなかなか報道されなくなるだろう。Jリーグに戻った方が、代表スタッフの目に留まる機会は多い。ただ、日本でプレーすることだって決して簡単ではない。自分の成長のためには、何が必要か。

自分は海外に移籍して、まだ何も成し遂げていない。だからこそ海外で、欧州で、結果を残そうと挑み続けることが成長につながると確信していた。まだ、日本に戻る気はなかった。

チームがなかなか決まらないまま7月も終わろうとしていた。これだけ日本に長くいることも、海外移籍してからは初めてのことだ。自主トレーニングは毎日して、いつでもプレーできる準備はできていた。だが、この先、来季プレーできるチームからオファーが来るのかという焦りも感じていた。移籍先が浮上しては、交渉で消え、いよいよどうするかと思っていたところで、パルチザンから3度目のオファーが来た。

「あ、来たか」。僕の中では8割方、心は決まっていた。返事をしようと考えていた直前に、当時パルチザンを率いていたミロシェビッチ監督から、直接話したいと電話をもらった。1～2分ほどの短い時間だ。英語で、細かいニュアンスまでは分からない。この言葉が響いた、といった特別な口説き文句があったわけでもない。ただ、とにかく自分を必要としてくれていることが伝わってきた。最後は直感。「よし。この選択がどうなるか分からないけど、決めたからには頑張ろう」。前向きな気持ちで決断できた。

よく、サッカー選手が「必要としてくれるチームに移籍する」と言う。それを僕はこのとき、本当の意味で実感した。もちろん、海外に出てからの3年間、なかなか思うように活躍できなかったことや、ハノーバーで干された経験をした影響もあったのかもしれない。

いろんな国でサッカーをしたい。海外に出たときに、トップクラブで活躍することと同時に、思い描いていたことだ。まさか新天地がセルビアになるとは想像もしていなかったが、行ったことのない、なじみのなかった国でプレーできるチャンスでもある。楽しみだ。パルチザンと、同じく首都に本拠を置くレッドスター・ベオグラードとの試合、いわゆる「ベオグラード・ダービー」の映像を見せてもらった。どちらがどちらのチームかも分かっていない僕は、たぶんこっちがパルチザンだろう、と想像しながら見たのだけれども（笑）。

未知なるセルビアへ

2019年8月1日、ベオグラードに着く。空港に降り立つと、驚いたことにメディアやファン・サポーターが待ち構えている。良い意味で裏切られる。熱烈な歓迎を受けた。翌日に契約し、記者会見をする。街を歩いていても、パルチザンのサポーターと思われる人から声をかけられることが多い。こんなことは、広島時代以来だ。

ベオグラードの街並はきれいで、趣がある。ただ、内戦を戦った影響なのか、銃弾の穴がそのまま壁に残っている建物もある。レストランやショッピングモールで、英語はあまり通じない。海外生活には慣れてきていたが、ドイツではある程度英語が通じた。私生活は少し苦労するのかもしれない。ただ、それもまたワクワクする。

そんな中でも、サッカーの熱は本物だ。ファンはみな熱狂的だし、テレビでもパルチザン、そしてレッドスターに関わる映像がよく流れている。ある日、レストランで食事をしていると、僕が取材されている様子がテレビに映っていた。自分が思う以上に、ベオグラードの人たちに期待されている。そう、ひしひしと感じられる。

合流まもない8月8日、浅野は早々にパルチザンでの公式戦デビューを飾る。ヨーロッパリーグ（EL）の予選3回戦、マラティヤスポル（トルコ）戦だ。ホームでの第1戦、途中出場していきなり初ゴール。3-1の勝利に貢献した。

めちゃくちゃ、久しぶりの試合だ。スタジアムも満員で、最高の雰囲気が醸し出されている。後半から出場すると伝えられて、ベンチでキックオフを迎えた。

決して万全といえるコンディションでは、まだなかった。ただ、ファンや周りからの期待を感じていた。「この試合で絶対に点を取り、期待に応えないといけない」と意気込んだ。

予定通り後半頭からピッチに送られる。1本目のチャンスを逃したが、自分のプレーで会場が盛り上がるのを感じる。点を取れる匂いが、プンプンする。

次のチャンス。得意の抜け出しから右足で強烈なシュートをゴールに突き刺す。スタジアムが沸き、揺れる。まだしゃべったこともなかったチームメートと、抱き合い、喜ぶ。やっぱり、サッカーっていいな。改めて、そう感じる。そして何よりも、ほっとする。

思った以上に、この1点目を早々に取れたことが大きい。プレーに対して、ファンの反応がいい。点が決まらなくても、ゴールに向かう姿勢へ拍手を送ってもらえる。守備で相手を追いかけても、声援で後押ししてくれる。何よりこのゴールのおかげで、試合でも練習でも、味方からボールが出てくる回数が日に日に増えていった。周りから信頼されている手応えを、確かに得られている。

「移籍した最初の試合でゴールを取ることが大事」とよく言われる。まったくその通りだなと、実感していた。

1週間後にアウェーで戦ったマラティヤスポルとの第2戦で、浅野は初の先発フル出場。0－1で敗れたものの、2戦合計で翌週の本戦出場決定プレーオフに駒を進めた。8月22日のモルデ（ノルウェー）とのプレーオフ第1戦でも決勝点に絡み、見事チームをEL本戦に導いた。

セルビア移籍で、おそらく日本では「浅野、終わった」「都落ちだ」という声もあるだろう。でも、そんな声は気にしなくていい。むしろ、このセルビアで、誰もが知っている日本人になろう。テレビのCMに起用されるくらいのスターになってやろう。そんな風に考えている。

セルビアに来て、僕は物事の考え方が大きく変わった。ある意味で、移籍前はどの国のリーグでプレーするかにこだわっていた自分を、ちっぽけだったなと思う。

確かに、クラブハウスのロッカーは育成年代の選手と共用、ピッチの芝はどの会場もぼこぼこだ。施設や環境面では、Jリーグやブンデスリーガの方が間違いなく上だ。甘やかされていたとまでは思わないが、今までは守られてきた環境にあったなとも感じる。十分ではない環境で、想像もしていなかったセルビアだが、来たら来たで楽しい。それに、成長することは、どの地・環境に身を置いたとしても、大前提だ。

結局、何事も自分の心持ちひとつだなと思う。サッカー選手として、ただサッカーをプレーするだけじゃない。いろんな国、リーグ、文化の中でのプレーを通して、いろんな人と関わる。国際交流というと大げさだが、人間としても幅を広げられそうだ。

セルビアでプレーしているから、日本代表入りが難しいなどと考えるのもナンセンスだ。むしろ、僕がここから代表入りして、そんな考えを覆していきたい。サッカーを楽しんで、選手としても人としても成長し、W杯の夢も追い続ける。

精神的に、とても充実した時間が始まった。

監督の信頼

9月にはコンディションも上がり、チーム内で確固たる立場を築き始めた。ELも含めてこの月の公式戦6試合、連戦の合間で1試合を休養、1試合は途中出場で、残る4試合は先発フル出場。4勝2分けと好調のチームを支えた。9月22日にはライバルであるレッドスターとのベオグラード・ダービーも初めて経験した。

ダービーはとても盛り上がり、すごい雰囲気だった。事前に映像で見ていたので、想像していたよりはサポーターもおとなしかったかな。

ただ、嫌だったのは爆竹だ。なぜスタジアムに持ち込めるのかが謎だが、ピッチに向けてサポーターが投げ込んでくる。幸い、ピッチまでは届かないので大事には至らないが、「パーン」と鳴るたびにびくっとして一瞬、足が止まる。発煙筒の煙もスタジアムに充満する。何も見えなくなり、試合が中断する。ただ、これはブンデスリーガでも経験済みだから、驚きはなかったが。果たして、みんなは試合を応援しに来ているのか、邪魔しに来ているのか、分からない。でもファンやサポーターからしたら、これもサッカーのひとつの楽しみ方なのだろう。

世界の中でも熱狂的と言われるダービーらしいが、僕はその中でも結構、淡々としていた。少しメンタルがたくましくなったところかもしれない。怒号のような声援でも、僕のような外国人には、ホーム側の声援か、アウェー側の声援か、分からない。それをいいことに、自分のプレーで何かの声が起きたとしても気にしない。耳に入っても、自分への後押しの声だと考えるようになっている。

広島でプレーしているときは違った。途中出場で僕がユニホームに着替えると、沸く歓声に気持ちのスイッチが入った。それは頼もしくもあり、緊張感につながることもあった。最近はスタジアムの雰囲気に左右されることがなくなった。外国人としてプレーする際のメンタルとでも言えばいいのだろうか。これがまたひとつ、海外での成長を実感する部分だ。

ダービーで快勝し、チームの主軸として試合に出続けられていた。街中ではさらに頻繁に声をかけられるようになった。正直、広島にいたとき以上だ。現地の言葉は分からない。ただ、セルビアに到着した直後に感じていたよりは、英語を話せる人が多かった。ダービー前後には、「絶対勝てよ」「よかったよ」と言われた。期待されている重みを感じ、ありがたいことでもある。地元の新聞でも取り上げられ、「スター性がある」なんて持ち上げられることもあった。

ただ、僕のゴールはまだ、デビュー戦のものだけだ。そこを自分の中では、かなり悔しく感じる。それもあって、声をかけられること自体はうれしいが、あまり話しかけられたくないとも思う。出かけるときには、帽子をかぶって見つからないようにしている（笑）。

次から次に試合が来て、プレーできているうえに、チームも勝ち続けているのだからやはり楽しい。このチームでは、チャンスメークもできている。だからこそ、自分のゴールを決めたいという欲がどんどん強まる。自分に訪れたチャンスの数を考えれば、数字はもっと残さなければいけないと感じる。

試合には起用され続けていても、数字という目に見える形の結果を残せていない。そのことが、ドイツ時代の経験から、僕にとっては危機感につながる。

チャンスが訪れているうちに、出場機会を与えられているうちに、ゴールという結果を残す。それがまた周りからの信頼につながり、次なる結果も得やすくなるはずだ。そう思い、もっともっと成長していかなければいけないと改めて感じている。

結局、9月をノーゴールで終えた浅野。10月にはＥＬのアウェーであったアスタナ（カザフスタン）戦に臨み、2-1で勝利した中で途中交代になった。

パルチザンでは最前線のＦＷではなく、4-2-3-1の布陣の左ＭＦでの起用が主になっている。ワントップで出たい気持ちもあるが、大型ＦＷのウマル・サディクという選手がゴールを量産している。僕は忘れていたが、ナイジェリアの五輪代表だった彼とはリオデジャネイロ五輪で対戦していたらしい。彼がいるので、ワントップでの出場は確かに難しい。一方で僕自身も左MFにはまだ慣れていない。ゴールまでの距離が遠いなと感じる。ゴール前に入っていくころには、疲労がたまっていて精度を欠くこともある。左で活躍するには、まだまだ質が低いと課題を感じる。

得意とする相手の背後へ抜けるプレーも、なかなか結果に結びつかない。僕が「ここだ」と走り出したタイミングで、ボールが出てこないことが多い。ただ、相手が僕に引きつけられたことで、空いたスペースを味方が使ったり、ひとつ遅れて動いた別の選手がフリーで受けられたりする。それが、ゴールに結びつくパターンも多くなっている。

日本ならば、「浅野の動き出しがあったから」と見てもらえる。守備面の貢献などでもそうだ。ただ、僕はこのチームに「助っ人」として加わっている。評価されるのは、やはり数字だ。だから、自分の中では「相手を引きつけるおとりになれている」「スペースメークの働きをした」という感覚は得られても、それが自分の評価につながるとはあまり考えられない。

アスタナ戦でも、やはり僕のタイミングでパスが来ず、空いたスペースを使った攻撃からサディクがゴールを決めた。

チームがＥＬの舞台で勝った。それはうれしい。でもやっぱり、僕がゴールを決めたい。無得点で交代になった悔しさにあふれていた。

悔しさが表情に出ていたからなのだろうか。試合の帰路、ミロシェビッチ監督に声をかけられた。

「大丈夫、大丈夫。そのうち、絶対に点は取れるから」

セルビア代表ＦＷでもあった監督は、ストライカーの気持ちをよく理解してくれている。そして、言ってくれた。運動量やスプリント数を見ても、チームに貢献していることはよく分かっているから、と。

監督が、僕のプレーをきちんと見てくれている。理解してくれている。何より、実際に試合でも起用し続けてくれていることで、信頼を感じられている。

僕は「それでもやっぱり、得点を取りたい」と伝える。分かるよ、と言わんばかりに、ミロシェビッチ監督はにやりと笑っていた。

久しぶりの代表。底辺から駆け上がる

パルチザンで充実の予感を漂わせていた浅野は10月、2018年9月以来となる1年1カ月ぶりの代表復帰を果たした。

久しぶりの代表招集自体に、驚きはなかった。呼んでもらえたら力になれる、という気持ちを失ったことはない。だから、ようやく来た、という思いが強い。

実際のところ、森保さんが監督になってからは最初の活動しか参加できていなかった。何度もケガでの辞退を繰り返した。さらに、所属チームで実戦を戦う機会を失っていた。それでも日本代表に貢献できるとは思っていたが、現実的に呼ばれなかったのは仕方がなかった。自分でチャンスを潰していたようなものだ。

パルチザンに移籍する前に一度、森保さんから電話をもらっていた。そこで監督の気持ちも聞いていた。「代表として戦力になるかどうか以前に、まだプレーを見られていない。だからまずはプレーを見たい」と言われた。それもあって、所属クラブで試合に出ていれ

ば、呼ばれるチャンスはあると感じてきた。

久しぶりの代表へ向けてメンバーを見ると、顔ぶれがだいぶ新しくなったなと感じる。拓実（南野）が中心になり、久保（建英）くんも入ってきた。前線は、僕と同年代やその下の選手が多い。僕はきっと、ひょこっと新しく入る選手、という感覚になるだろう。その難しさや緊張感は感じると思う。ただ、年代別代表で感じていたような、年が近いからこそのやりやすさや楽しさを感じながら、プレーできそうだなとも思う。

ワクワクして代表に合流し、最初の練習で感じた。やっぱり、日本代表のみんなはうまい。何げないボール回しで、パンパンパンとテンポ良くパスが回る。ゲーム形式の練習では、僕の動き出しを見てくれて、パスがどんどん出てくる。日頃、パルチザンではあまりなかったことだ。基本的なところから、改めて日本代表の個々人のレベルの高さを感じる。最初は、慣れるまでに少し時間がかかった。質の高いワンタッチのプレー、オフザボールの動きの感覚を、どんどん取り戻していた。

中でも、この活動での「発見」は、岳さん（柴崎）だ。ハリルホジッチ監督時代にも代表で重なってはいたが、同じピッチに立ったり、一緒のチームで紅白戦を戦ったりする機会は、意外と少なかった。

練習で一度、はっとさせられたプレーがあった。最終ラインのDF2人の間に僕が立っているだけで、その瞬間を見逃さずにスパンと足元にボールを入れてくれた。僕のトラップが悪く、GKの方へボールが流れていってしまった。ただ、そんな風に僕の動き出しやポジショニングを見て、どんぴしゃのパスを出してくれる。この感覚が久しぶりすぎて、このワンプレーで楽しくて仕方がなくなった。岳さんが球を持ったら、適当でもいいから、とにかく相手より一瞬でも早く動き出そう。そんな信頼を、勝手に抱いていた。岳さんがどう思ったかは、分からないけれど。

僕がセルビアでプレーしていることも、代表のみんなは別に気にしていない。もちろん、興味で「セルビアってどんなところ?」とは聞かれる。でも、それで格が下だと見てくるような人はいない。

この場に呼ばれ続けたい。そして、ここにいる以上は、結果を示さないといけない。改めて、強く意識させられた。

W杯カタール大会へ、アジア2次予選が始まっていた。10月15日に敵地で行われたタジキスタン戦、浅野は後半途中から出場。後半37分、酒井宏樹のクロスに合わせてヘディングシュートをたたきこんだ。代表でのゴールは、実に2年2カ月ぶり。2017年8月31日、W杯ロシア大会行きを決めたオーストラリア戦以来だった。

代表では本当に久しぶりのゴールだ。ただ、その喜びよりも、自分の中では「もっと、もっと」という気持ちばかりだ。数字は確かに残したが、それ以上にできなかったこと、課題の方に目が向く。

この試合でタケ（久保建英）と初めて一緒にプレーした。話には聞いていたが、練習から「本当にめちゃくちゃうまい」と感じていた。終了間際には、タケから絶妙なパスをもらい、決定機を迎えた。ただ、僕が放ったシュートはクロスバーに当たり、外してしまった。タケからは、「アシスト、つけてくださいよー」と言われた。

タケや律（堂安）は、本当に堂々とプレーしている。僕より年下の選手に、どんどん突き上げられている。緊張感を、改めて感じる。

何度も繰り返すが、自分が絶対に代表に入れるなどと思ったことはない。ゴールを奪えてはいても、「自分は代表の中でも下っ端だ」と感じている。チームのことはもちろん考えるが、チームを率先して引っ張るような余裕を持てる立場でもない。底辺から駆け上がっていくのだ。そんな思いを抱いている。

少し悩みの種になったのは、ポジションのことだ。クラブでもサイドアタッカーでプレーする機会が増えていたためだが、11月の代表招集のときにはMF登録になっていた。「ポイチさん（森保監督）の中でも、俺、ついにMFになってしもうたか⁉」。メンバー表を見たときに最初に思ったことだ。以前、シュツットガルトで同様の起用があった。そのときに森保さんは「タクマをあそこで使うのはセンスないよね」って言っていたのに（笑）。

もっとも、ポジション表記にそれほど深い意味はないようだった。ゴールに一番近い位置でプレーできるFWへのこだわりは捨てられない。僕自身、失うつもりはない。ただ、MFもできるのであれば試合で起用されるチャンスは広がる。MFでもFWでも考えられる選手、と監督に思ってもらえるのならばプラスだ。どちらのポジションからでも相手に脅威を与えられれば、どんな状況でも使いやすい。考え過ぎてもよくないが、そんな風にポジティブに捉えることはできる。

幸い、森保監督も、パルチザンのミロシェビッチ監督も、機会があれば試合途中からでもワントップを任せてくれる考えを持っているようだ。そのときに結果で示せるか。FW

で使ってみようと思われるためにも、今のポジションから数字を残すことは大事だ。結局はすべてが自分次第だと、改めて思う。

セルビアに来てよかった

充実の代表活動を終えた浅野は、クラブでもひとつの転機を迎える。10月24日のEL。ホームにイングランドの強豪マンチェスター・ユナイテッドを迎えた一戦だった。

「この試合で、人生を変えよう」。そんな決意を持って臨んだ。

代表ではゴールを取れたが、クラブではいまだにデビュー戦の得点だけだった。セルビアに来た当初は、騒がれて、メディアにも「スター性がある」なんて持ち上げられ方をした。勘違いをしていたつもりはないが、「もっともっとできる」「スターになりたい」という思いは常にあった。継続的に試合でプレーできている。通用するどころか攻撃の中心になれているという手応えはある。なのに、ゴールがない。ならば、もっと得点にフォーカスしよう。そんな考えで、少し守備をサボってでも、攻撃に力を振り向けようとしていた。

「このリーグならば、守備をサボってもいいから点を取ろう」。そんな慢心やおごり、セルビアリーグを格下に見る気持ちが、まだ残っていたのかもしれない。

ただ、これが意外と簡単ではなかった。簡単ではないどころか、すごく難しい。守備をサボっていると、いざ攻めに出ようとしたときに、スイッチが入らないのだ。そもそも、ゴールを取ること自体がすごく難しいことだ。僕自身は、数字で結果を出せていない。だけど、監督の信頼があって試合には使われる。そうなると、不満を抱くのはチームメートだ。点を取っていないのに、起用され続けているのだから。実際に、チームメートが僕に疑問を抱いているとも感じ始めていた。

そんな中で迎えたこのマンU（マンチェスター・ユナイテッド）戦だ。

間違いなく相手が格上。誤解を恐れずに言えば、負けるのが前提とも言える試合だ。そんな開き直りもあり、この試合は守備から100％で、90分間、全力でプレーしようと考えた。

サイドに位置する僕が、マンU相手に攻め残ったところで、ほとんどボールは出てこないだろう。サイドでボールをもらって、ゴールまで距離がある中で、切り込んでいってシュートなんていうプレーばかり狙うのも現実的ではない。メッシ、クリスティアーノ・ロナルド並みの能力が求められる。残念ながら、僕はそこまでの選手でもない。
ある意味では、ここ最近ずっと抱いていた「ゴール、ゴール」という気持ちが消えていた。結果的には、それがよかった。

試合が始まり、相手のサイドハーフへプレッシャーをガンガンかけに行った。ボールを奪って、前へ出ていく。そんなプレーがはまり、自分でドリブルで持ち上がってカウンターを仕掛けることができた。チーム全体も入りでうまくいき、いい勝負をした。ホームの利はあったのかもしれない。個々の質では間違いなく相手のうまさを感じた。ただ、まったく通用しないわけじゃない、勝ち点を取れる試合だという感覚を持って戦っていた。

結局、マンUとのこの試合はPKの1失点に泣いて0-1で敗れた。VARがなく、パルチザンがPK獲得かという場面でハンドを取られなかった。浅野もコーナーキックから決定的なヘディングシュートを放ったものの、GKの好セーブに阻まれた。

終わった瞬間、一番に思った。「もったいない」。ただ、判定に何かを言ったところで覆らない。それも含めて、相手の方が上だったというだけだ。

同時に僕自身は、「やりきった」「出し切った」という感覚を覚えた。ゴール前の質、ドリブルで突破した後のプレー選択と決断といった点で、できなかったことも多い。ただ、自分の力を出そうとして、その通りに出し切った。運動量も多かったと感じていた。1対1の局面で負けなかった。

そして、気づかされた。自分のプレースタイルは、全力を出し続ける、これなんだ。

この試合以来、守備をサボるという考えが消えた。守備でも全力でプレーしていれば、攻撃へもトップギアのまま切り替えられる感覚を身につけた。その分、運動量が増えて、攻守にわたって走りきれるようになった。

ゴール、ゴール、という脅迫観念のようなものがなくなった。それよりも、守備から入りながら、攻撃でちゃんと自分の良さを出すことが大事だ。

「俺、やっぱり日本人だな」。そんな風に思う。守備をサボって攻撃の準備に専念しているつもりでも、いざ攻撃となったときにはサボっていた分、失敗できないと変に緊張してしまう。攻撃だけに備えて、攻撃になった途端に100％の自信を持ってプレーする他国の選手とは、そこが違うのだと思う。守備も100％でやった自信があると、攻撃でも100％を出し切れる。自分はそういうメンタルなのだなと痛感していた。

ミロシェビッチ監督が、「ゴールはいつか取れる」と言ってくれた意味も、分かってきた。僕もこの試合をきっかけに、そう考えるようになっていた。もちろん、ゴールは常にめざしているし、そこへのこだわりは変わらない。ただ、自分自身に対して、ゴールだけを求めることはなくなった。「やることをやっていたら、いつかゴールはついてくる」。小さな変化と思われるかもしれないが、僕にとっては気の持ちようが劇的に変わる転機だった。

ELでは2週間後の11月7日、マンUとアウェーで再び戦った。0-3の完敗を喫し、事実上、決勝トーナメント進出は厳しくなった。

マンUとの2戦目は、チームとして本当に何もできなかった。ピッチ状態がベオグラードとは段違いによくて、その分、相手の高い技術がいかんなく発揮される。逆に、僕たちはトラップが大きくなったり、ボールを止められずに流してしまったりすることが多い。まさに、質の差を見せつけられた形だ。

僕にとっては、日本代表に行ったときにも感じていたところだ。質の不足を痛感させられて悔しい。ただ、それは自分にとっては良いことだ。差を肌で感じることで、意識が変わっていく。プレーのスピードも、速い相手とやればやるほど、慣れていく。自分自身も日本代表に行って意識付けをしてきたつもりだったが、セルビアリーグのゆったりしたプレースピードに慣れていたところはやはりあった。マンUのスピードと高い質を目の当たりにし、めざすべき基準を改めて自分にたたきこめた。

マンU戦から中2日の11月10日のリーグ戦。浅野は今季2得点目を挙げた。そこから年末にかけて、ELで2得点、リーグ戦でさらに2得点と、待ちわびたゴールが続いた。

面白いもので、急にゴールが取れだした。ただ、僕の中では、すごく調子が良くなったわけでも、何かコツのようなものをつかんだわけでもない。極端に言えば、取れるか取れないかは、結果論だ。実際のところ、ゴールを奪えていない時期の方がチャンスの数は多かった。それを外しまくっていただけ、というのが正直なところだ。決めた試合でも、その前にまったくチャンスがなかったこともあった。とりあえず打っちゃえ、と打ったシュートが入ることもあった。

ゴールは結果論、という考えがどんどん強くなっている。ただ、その結果が一番大事なのだ。正直、練習をサボっても試合でゴールを決められるのであるならばそれでいい。そういう世界だ。ただ、僕にはその力はない。〝結果〟を求めるためには、今自分にできることを全力でやるしかない。それは日々のトレーニングやすべての試合で、すべてのプレーで、100%を出し切ることだ。ゴールを取れても取れなくても、僕のプレーに対する心持ちは、変わらないようになってきていた。

手応えに加えて結果も手にしつつある中で、冬場のリーグ戦中断期間を迎えた。銀髪になっていた浅野は、これまでにない精悍（せいかん）さを漂わせるようになっていた。

2019年の年末からのオフは、例年より長く3週間ほど休めた。なのに、もっとオフが欲しいと初めて感じた。肉体的にも精神的にも疲れ、本当に休みを欲していた。それほどに、セルビアでの最初の半年間は充実していた。ELもあり、移動を挟みながら中2日や中3日の連戦があった。まだシーズンの半分とはいえ、ほとんどフル出場、それもチームの中心として戦い続けられた。このこと自体が、近年ではなかなかなかった。

セルビアに行くことを決めたとき、「充実した時間にできるか。行ってよかったと思え

パルチザン所属時に契約していた料理人やトレーナー、家族と（提供：著者）

るかどうか。すべては、これからの自分次第」と思っていた。間違いなく、半年を経た今は言える。セルビアに来てよかった。リーグ戦もELも刺激的で、毎試合、今までにない充実感を得られている。シュツットガルトやハノーバーで出場機会に恵まれない経験もした分、試合でプレーできる喜びや幸せをかみしめている。

ケガなく、過酷な日程を持ちこたえられた。それは食事面など、自分が取り組んできたことの成果が、徐々に出てきたとも感じる。料理人にはセルビアにもついてきてもらっている。実戦を通して、自分の成長と課題を常に見つめることができている。

改めて、なぜ自分はセルビア行きをあれほど迷っていたのだろう。そんなつもりはなくても、やはりどこかでまだカッコつけていたのだろう。「俺はサッカー選手だ、日本代表だ」という気持ちから、変な見栄を張っていたのかもしれない。

もう、そんなものはない。この環境を選んだことで、失うものはない、挑み続けるんだというメンタリティーを心の底から取り戻せている。日本代表でも「やれる」という自信を持ちつつ、「いつ外されてもおかしくない」という危機感を保てている。W杯ロシア大会のときのように、いつひっくり返されるかも分からない。まだまだ、日本代表選手になるための道のりを、自分は走っている途中なのだ。

過去は振り返らない

オフを終えた浅野は、2020年1月中旬から2月上旬にかけて後半戦に備えたチームのキャンプに合流した。場所はトルコ、そして次のW杯開催地のカタールだった。カタールでは、本人曰く「思いもよらなかった」という縁を感じることになる。

「なんで俺？」

キャンプ中に、急にカタールのメディアから取材依頼が来ていると言われた。

キャンプ中は、疲労もたまっていてあまり良いプレーができていなかった。攻撃で最後の踏ん張りがきかなかったり、対人守備でも力強さが足りなかったり。監督からも、もっと1対1の場面で厳しく行くようにと声をかけられた。その表情から、僕のプレーに満足していないなと感じた。

ステップアップの移籍に関しても、うわさはあったようだがすでに消えていた。なぜ今、僕にインタビューしたいのだろうか。何を聞きたいのだろうか。謎だった。


チームメートに「お前、ここ来たことあるんだろ？」と聞かれた。いや、ないと思うけどなあ……。ホテルの従業員には、やたらと写真撮影をお願いされた。なぜだろう？よほど日本人が好きな、親日の国なのかなあ。そんなことを思っていたら——。

「2016年に来たんじゃないのか？」

チームメートに言われ、よくよく考え、ようやく思い当たった。2016年1月のU23

（23歳以下）アジア選手権のことだった。

この大会はリオデジャネイロ五輪のアジア最終予選を兼ねており、1カ月間カタールでU23日本代表は戦った。上位3チームに与えられる五輪出場権を、日本は準決勝でイラクを破ってつかんだ。そして決勝、韓国に0-2とリードされながら、後半途中から出た浅野が反撃の1点目に逆転ゴールと2得点。日本を優勝に導いた。

あれ、カタールだったのか。そこで、ようやく合点がいった。

カタールの人たちは4年前のことを覚えてくれているようだった。インタビューも、当時のことが中心。「良い思い出がある地でしょう」「印象に残っている場所はありますか？」「（五輪でチームメートで、日本代表でも活躍する）中島翔哉や南野拓実とのエピソードは？」。そんなことを、やたらと聞かれた。

僕は正直に、「忘れていました」と答えた。少し、インタビュアーも困ってはいた。

僕は遠征でどこへ行くのかもまったく気にしない性格で、キャンプ地に着くまで向かている場所が分からないこともあれば、試合で訪れた先もどこか知らないまま、ただチームと一緒に行動しているだけ、という感覚でいることも多い。

だけど、当時を思い出さなかったことを、僕はある意味でプラスに捉えた。今回トレーニングキャンプでカタールに来て、周りに言われるまで、「活躍できた試合」のことも思い出せなかった。あの試合は、間違いなく僕のサッカー人生の中で大きな意味を持つものだった。もしも「過去の栄光」を意識していたら、カタール、ドーハと聞くだけで、すぐに当時のことを思い出したはずだ。それがこのときは、本当の意味でまったくなかった。

そもそも、あの五輪予選は準決勝までまったく点が取れなかった。僕からしたら、決勝でやっと点を取っただけだった。それに最も大事だった五輪出場権は、準決勝に勝ってつかんでいた。それでも、決勝翌日に日本へ帰国したら、テレビでは僕の決勝ゴールの映像ばかりが流れていた。五輪行きを決めた試合でもないのになあと思いつつ、すごくたたえられた。持ち上げられた。ひょこっと、成り上がった経験だ。

ただその後に正反対の経験も、僕はこの4年間でたくさんしてきた。たたかれることも、何も言われなくなることもあった。それこそセルビアに来て、ある意味で世間から忘れられる経験もあった。

そんな中で、良いときも悪いときも、過去の栄光にすがらず、振り返らず、未来だけを見て、この4年間はサッカーに取り組めてきたんだな。そう実感できた。

次のW杯も、2年後にこのドーハで開催される。縁を感じるのは確かだ。必ず、次のW杯には出なければいけない。これからも、前だけを見ていく姿勢を保ち続けよう。自分のキャンプの出来には危機感を抱きながら、誓った。

またこの地、ドーハに必ず戻ってくる、と。

コロナ禍

2020年は世界中が大激変に見舞われようとしていた。新型コロナウイルスだ。トルコ、カタールでは影響を感じなかった浅野も、セルビアに戻ってからは混乱に直面する。サッカー界でも各国のリーグ戦が延期、日本代表の3月の活動も中止になった。

2月上旬にキャンプを終えてからの1カ月で、急にセルビアも変わっていった。アジア人への警戒感が高まり、僕を見ると、道でのすれ違いざまや、極端なときには店の中でも、あからさまに口を押さえる人も増えた。人種も何も関係ない話なのになと、なんとも言えない気持ちになる。

代表活動がなくなるのは、僕の心情としてはとても痛恨だ。今季が終わるまで、少なくともあと2回、3月と6月の活動があるはずだった。（結局はともに中止）

3月上旬、セルビア国内でもついに感染者が確認された。

日本や他の国々に比べたら、まだセルビアはそれほど危機感に見舞われていなかった。僕自身もまだ、このときは新型コロナウイルスがそれほど大変なものだとは思っていなかった。

だが感染者が確認されると、その危機感があっという間に伝わってきた。3月14日の試合では、2日前からチームで隔離され、試合も無観客になった。「これから、こんな感じが続くのかな」と思っていると、試合翌日の15日に非常事態宣言が出され、リーグの中断が決まった。その後、外出も制限される状況になった。本当に、あっという間だ。

チームからは「また状況を追って、連絡する」とだけ伝えられた。この状況がいつまで続くのか、チームはもちろん、世界中が分からない。まさか異国の地で、こんなことになるとは思ってもいなかった。

たまたまこの時期に、パーソナルトレーナーと六男の弟がセルビアに来ていた。弟は高校を卒業したばかりで、ドイツに渡ってサッカーをする予定だった。その前にセルビアに立ち寄っていたのだが、もちろんこの状況になってドイツには行けなくなった。弟もまた、コロナによって自分の人生を大きく左右されたひとりだろう。

トレーナーと弟は日本にも帰れなくなってしまった。ただ、僕にはそれがプラスになる部分もあった。家の中でもできるトレーニングをし、限られた時間の中で、彼らと近くの公園に行き、走り、ボールを使ったトレーニングもできた。

ある意味で充実した日々でもあった。ただ、日本へ戻れる飛行機の有無を毎日確認して、彼らには予約をとれたタイミングで帰国してもらった。

その後も状況は好転せず、買い物へ行く時間も定められ、それ以外の時間は外出を禁止されるようになった。その中でも、僕は自分にできることをやろうとした。正直に言えば、ダメだとは分かっていたが、人目を避けて外へ走りにも行っていた。いつリーグが再開されてもいいように。そして、2年後に待っているW杯につながるように、と。

この期間も料理人がいるおかげで、食事にはまったく困らなかった。彼も、異国の地でこんな目に遭うとは想像もしていなかったと思う。そして想像もできないウイルスの怖さもある中で、食材を買いに出て、毎日、ご飯を作ってくれていた。申し訳なさも感じる。でも、だからこそ、僕は今やれることをやる、そしていつか結果につなげる。それがせめてもの恩返しだ。

世界中が混乱に陥り、正直、サッカーどころではなくなっている。感染が爆発的に広がり、普通だと思っていた生活が遠のいていった。僕らスポーツ選手も、その被害を大きく受けている存在ではある。ただ、そんな僕らだからやれることがないか。日本代表選手で話し合ったり、自分でも考えたりしていた。

SNSを通じて、トレーニングの映像や、感染を広めないための発信をした。その中でも強く感じていたことがある。夢や目標に向けて頑張っていたのに、その夢や目標にしていた大会やイベントが、コロナによってなくなった人。今、この状況で何をしたらいいのかが分からなくなってしまっている人。そんな子どもや学生へ、何かを伝えられないか、と。コロナで夢や目標を失った、と思うかもしれない。いや、実際になくなっている。でも僕は、そう思っている人たちに伝えたい。それでも、この先の未来にある夢や目標を見て、そこへ向かってやれることはあるはずだ、と。

サッカーで言えば、外での練習もままならなくなった。努力する時間すら、奪われたと思ってしまいがちだ。でも、この時間をどう過ごすのか。チームの練習があると、自分のやりたい練習ができなかったこともあるはずだ。授業や練習がなくなった分、自分だけのために100%この時間を使ってみる。筋トレでもいい、栄養について学んでみたっていい。そうした個人のレベルアップに充ててみる。むしろ、周りと差をつけるチャンスと捉えることだってできる。

この窮地を乗り越えたときに、どれだけ成長できているか。それは今の苦しい時間の過ごし方にかかっている。そう思えば、夢のある人は、ここでくじける必要なんてまったくないのだ。

僕自身が、そういう考えでサッカー人生を送ってきた。今回も同じだ。もっともっとパワーをつけたい。スピードをつけたい。そのために、ひとりで苦しくても筋トレをする。サボりたくなっても、体を動かす。それを続けることが、結局は一番説得力があるし、人に伝わるだろう。そして僕は、誰かに伝えているようで、自分に同じことを問いかけ、言い聞かせているのだと思う。

我慢の時間は、その最中は苦しく感じるものだ。だけど、それを続けていると、必ず明るい未来につながっていく。そのことを、僕はこれまでのサッカー人生で知ってしまっている。ドイツで活躍できずにセルビアに移籍することになって、サッカー選手としては一度、表舞台から消えたような経験をした。けれども、まだまだ粘って生き残っている。大好きなサッカーを仕事にできている。幸せなことだ。

サッカー選手として、何ができるのかを考えた抜いた末に、原点に立ち返った。W杯という大きな夢へ向かい、あきらめずに前を向いて進み続けること。どんなときも、その姿勢を貫くこと。それが僕であり、そんな僕の姿を見た人が、何かを感じてくれるのならば、それが一番だ。

なぜ、自分は常に前を向いていられるのだろうか。それは子どものころから、どこか自然と人の「死」を意識してきたことが関係している。人はいつ死ぬか分からない。母が明日死ぬかもしれない、僕自身が今日死ぬかもしれないと、ふとしたときに考えていた。ネガティブに感じられるかもしれないが、決してそうではない。むしろ、そんな危機感が自分にはプラスに働いていると感じている。確かにそのような想像をすると、とてつもない寂しさや怖さを感じる。でも、だからこそ、今伝えられることは今伝えよう、今できることを今全力でしよう、と思う。どうせ、僕もいつかは死ぬ。その瞬間にベッドの上で、「ああしておけばよかった」と思いたくない。その日を想像するだけで、自分の「今」の行動につながり、失敗なんて怖くもなんともなくなる。

そんな思いを忘れてしまうこともある。たいていは、今が楽しくないとき、うまくいっていないときや、嫌なことが起きたときだ。そんなときこそ、思い出すようにしている。「今、僕は生きている。幸せだ。いつかどうせ死ぬなら、大きな夢を追いかけよう。そこに向けて、１００％で生きよう」と。

雌伏のときを経て、セルビアでは5月上旬に非常事態宣言が解除された。ようやくチー

ムの活動も再開し、5月末からは公式戦も始まった。

チームの活動が再開された際に行ったメディカルチェックや体力テストでは、乳酸値やシャトルラン回数など、チームで一番の値をたたきだせた。元々自信は持っていたところだけど、自粛期間でもやるべきことをやれていたなと、ひとつ手応えを得られた。

チャンピオンズリーグにつながるリーグ優勝は、首位レッドスターとの勝ち点差を考えると厳しい状況だった。パルチザンはカップ戦を勝ち上がり、EL出場権をかけて、タイトルを狙う最終盤の戦いになった。

リーグ優勝はレッドスターにさらわれ、僕らパルチザンは2位だった。でもカップ戦の準決勝でそのレッドスターを破り、決勝へ進んだ。ダービーを制し、サポーターもお祭り騒ぎになった。「まだ、もうひとつあるよ。ここで終わりじゃないよ」。僕はそう言っていたが、チームは優勝したかのように、喜びに満ちあふれていた。

その後のリーグ最終戦で僕は温存された。そのため、カップ戦の決勝には中8日で臨むことになった。

だが、これが僕にとってはよくなかった。いざ決勝が始まると、体が重く、思うように動かなかった。試合間隔が空きすぎて、コンディションを良い状態に持っていけなかった。せっかくの決勝の舞台、シーズン最後の試合で、まったく思うような働きができず、途中交代になった。チームも0－2からなんとか追いついたが、延長、ＰＫ戦の末に優勝を逃した。リーグ3位のチームを相手に、目の前でタイトルを奪われる悔しさを味わった。

結局、悔しい形でシーズンを終えることになった。最後に、ここぞという試合で結果を残せなかったことが、本当に悔しい。だが、最後にまたコンディション調整の点で課題を見つけることができた。良かったと言うことはできないが、見つけた課題と、この悔しさを絶対に無駄にしない。この気持ちがまた、次へ向かうエネルギーになる。それもある意味では、僕らしい。

セルビアでの1年目が終わった。未知の場所でかつてないほど試合をこなし、ＥＬも初めて経験した。ＦＷでなくＭＦで起用され、日本代表に復帰し、コロナ禍もあった。激動のシーズンだ。自分のゴール数には満足できていないし、タイトルも最後に逃して悔しさを残した。ただ、確実に言える。成長できた、と。

セルビアに来て、間違いなくメンタルが変わっている。まず、セルビアに来るという選択をしたこと。本当の意味で「失うものがない」「ここからはい上がるだけだ」という気持ちになれている。

僕は元々、チームメートや監督に意見や主張を強くしない方だった。それがゆえに、ドイツでは難しい経験もした。何かを変えなければと感じ、セルビアに来てからは意識的に、言われたことに言い返し、ボールが出てこなければ大げさにパスを出すように要求した。自分がミスをしたら、オーバーに悔しがった。味方に何かを言われる前に、自分が自分に怒っているように振る舞った。慣れない僕にとっては、恥ずかしく気持ちよくはない。でも、それを習慣化すると、無意識に行動に出るようになった。少し嫌なヤツになっているのかもしれない。でも海外では、それがまたプレーにつながる。そして面白いもので、味方や監督も必要以上に僕に対して何かを言ってくることがなくなった。そんな感覚を、このセルビアで身につけた。

プレー面で言えば、守備が向上した。相手をただ全力で追うだけではなく、パスコースを切り、相手のプレーを制限して味方のボール奪取につなげる。そんな「考えた守備」がこの1年で身についた感覚がある。データ面でも、インターセプト回数が増えたと言われるようになっている。

笑える話だが、現役を退いて指導者になったばかりのコーチからよく言われている。「お前は、ダニエウ・アウベスだ」と。

スピードと運動量でサイドを制圧している。それをブラジル代表でサイドのスペシャリストであるアウベスになぞらえた、彼なりの褒め言葉らしい。

「は？　何を言っているんだ？」「全然、イメージとちゃうぞ」。僕の正直な感想だ。

ただ、周りがそう見てくれているということは、選手としての幅が広がっているのだろう。ウイングやサイドアタッカーとしてもプレーできる、他の選手にも負けないという自信も得ている。

もちろん、僕は生粋のＦＷ。だからシュート練習をやめることはない。ゴールへのこだわりも捨てない。守備面で成長できたからこそ、ここからはもっともっと攻撃面の成果を示していくだけだ。

すべては、Ｗ杯でゴールを決めるために。

充実の2季目。監督交代もなんの

新シーズンの開幕は2020年8月。コロナ禍で日本の入国制限もあり、浅野はオフも帰国せずにセルビアに残った。第2節の1点目を皮切りに、4戦連続ゴールで序盤戦を滑り出す。8月22日には、プロ入り後初のハットトリック（1試合3得点）を記録する。

出場5試合で6得点。ハットトリックもあり、多くの人から「おめでとう」「絶好調だね」と連絡をもらう。うれしく、ありがたいことだ。だけど面白いもので、実は僕の中ではそれほど好調という感覚がない。ハットトリックした試合も、「ケガをしないように、今日は90分をやりきることを優先しよう」と考えて入ったくらいだ。

むしろ、まだまだ、と感じることの方が多い。味方からのパスも、まだまだ僕の欲しいタイミングで出てくる回数が少ない。「今、出てくれれば決められたのに」と何度も思っている。だからといって、動き出しをやめることはない。もしも走りをサボったその1回に、パスが出てきたら——。自分の得点機会をフイにするし、味方も僕へのパスを選択しなくなるかもしれない。そうではなく、「浅野に出せばチャンスになる」と周りが自然と思うように。もっともっと、やるべきことがある。そう思えている。

飛躍の予感を漂わせたシーズンの滑り出し。だが、パルチザンに激震が走る。浅野も信頼していたミロシェビッチ監督が9月頭に、急遽（きゅうきょ）辞任を表明した。

試練が来た。瞬時に、僕は思った。

監督交代を機に、風向きが悪くなるのがこれまでの僕だった。ひとつはシュツットガルトでの経験。監督が代わり、途中加入したマリオ・ゴメスが絶好調で僕の出番はなくなった。そして、日本代表ではW杯ロシア大会前、ハリルホジッチ監督が解任されて西野監督になり、W杯を逃した。どちらのときも、監督のせいだとは1ミリも思っていない。すべては自分次第だ。ただ、監督が代わったときに、僕にも何かが起こることが多かった。そしてそれは、良い方向の変化ではなかった。

もちろん、パルチザンでは今シーズン、ゴールという結果を残している。その点は過去とは違う。ただ、不安はある。何より、ミロシェビッチ監督への恩義を僕自身が強く感じている。僕がパルチザンに来たのも、監督が熱心に誘ってくれたからだ。加入後も、元F

Wとして、僕の気持ちを分かってくれた。監督も重宝してくれたし、僕もまた信頼を寄せていた。それだけに、タイトルを取らせてあげられなかった悔しさが湧いてくる。

後任のスタノイェビッチ監督は、ひとことで言えば戦術家だ。練習ががらりと変わった。戦術練習で、攻守においてポジショニングの確認が多くなった。連動したプレスをかけられるように、細かな約束事ができた。それまでチーム内で曖昧だった部分ではある。だから、チームとしての戦い方が整理され、統一される。そんなポジティブな要素も感じている。

練習から、僕は100%を出す。だから、どんな監督にも最初は良い印象を持たれる。今もそうだ。ただ、いろんな経験をしてきて僕も分かっている。練習でどれだけ良いプレーをしても、試合で結果を残さなければ意味がない、と。

新監督で臨んだ9月12日の試合。僕はPKを獲得するプレーもあり、勝利に貢献できたのはよかった。ただやはり、「新監督にどう見られるか」と無意識のうちに気にしていた。普段通りのプレーができていなかった。決定機でパスを出したり、PKのキッカーも最後に譲ってしまったり。

悪くはない。ただ、もっともっと、我を出すことが必要だと感じている。

幸い、スタノイェビッチ監督はその後も僕を重宝してくれる。「サイドバックが球を持ったら、タクマがまず中へ、縦へ、走れ。そうやって空けたスペースを、他の選手が使え」。そんな約束事ができている。

僕としては、局面によってはそれが効果的でないな、僕の特徴が生かし切れないなと考えることもある。ただ、これもサッカーには必要なことだ。チームが勝つために、あえて自分の個を抑えなければいけない。チームの狙いを体現しようとするからこそ、選手の個性が制約されることもある。

こうした制約をあまり好まない選手もいるが、僕は得意な方だ。監督やチームメートが求めることを、まずはピッチで表現しようとする。このトライに対して、全力で取り組む。それが結果につながれば、一番良い。結果につながらないときには、どうするかを考えなければいけない。自分の課題もあるが、今はまず求められることをやろう、と。この考えが正解だとは言わないが、不正解でもないひとつのサッカーの形だと思う。

今回の監督交代は、そんなことを考えられる時間にもなっている。これもまた、サッカー選手としての幅を広げられる機会だと前向きに捉えている。

日本代表への定着

10月からは日本代表の活動再開が決まった。日本の入国制限の影響で、代表はオランダで海外組を中心に集まることになった。ただ、セルビアからの入国者は隔離免除の対象外で、浅野は不参加になった。翌11月、オーストリアでの活動には参加できる運びになった。1年ぶりの日本代表だった。

ようやく、代表でプレーできる。そして、今回は待ちに待ったＦＷ登録での招集だ。うれしい一方で、たとえどの位置で起用されても良い覚悟もある。パルチザンで長身ＦＷが移籍し、試合途中から僕がワントップに起用されることが増えていた。右ＭＦで先発し、途中で左に移り、最後は最前線のＦＷに入る試合もあった。

いつも代表で「やれる」とは思ってきたが、今はより確固たる自信を持てている。やはり、クラブでの結果があるからだ。ゴールを重ねられている。走行距離やスプリント数、スピードなどのデータも、セルビア国内だけではなく他国リーグでも通用する水準の値を出せている。この年は予選で残念ながら敗退したが、ＥＬを経験したことも大きかった。

2試合を戦った日本は、パナマに1－0で勝利、強豪メキシコには0－2で敗れた。浅野は2試合とも途中出場だった。

得点を取れなかったことは、大いなる反省点だ。ただ、それ以上に手応えを得られていた。セルビアでやっていても、これだけやれるんだよ、と。

特にパナマ戦は、数多くチャンスを作れた。何よりも、大地（鎌田）とのプレーは楽しくて仕方なかった。

あ、パスが出てくる。そう感じて走り出すと、思い描いた通りのボールが来る。僕の走り出しを、彼も感じてくれているのがピッチ上で分かる。お互いが、お互いの良さを生かせる。そんな信頼関係を築けたのが何よりだった。大地は試合後、「また一緒にやりたいわ」と言ってくれた。練習で彼と特に何か狙いを話したり、準備したりはしていなかった。本当に、試合中のピッチでどんどんお互いの呼吸が合っていった。探り合っているわけではない。むしろ、自分の長所を主張しあった感覚だ。

もうひとり印象に残ったのは航くん（遠藤）。リオ五輪のときから一緒にプレーしてきたが、当時に比べてプレー中の印象がかなり変わっていた。誤解を恐れずに言えば、ピッチ上で、むちゃくちゃ口うるさくなった。とにかく味方に素早く指示を飛ばす。ずっとしゃべり続けている。彼もまた、海外でプレーすることで、プレー中の自己主張をどんどんするようになっているのだなと感じた。

純也くん（伊東）もそうで、どんなプレーがしたいかがとにかく分かりやすかった。思えば、この3人とは、ピッチ外でよくコミュニケーションを取った。純也くんと航くんは僕の2学年上。大地は2つ年下で生意気なところはあるが、仲良くしていた。

人間関係ができたうえで、ピッチ上では互いに遠慮なく振る舞える。そんな良い関係を築けていっている。

この2試合以降、ケガをした時期を除いて浅野は代表に呼ばれ続けることになる。クラブに戻っては年内のうちにリーグ戦10得点目を挙げ、冬の中断期間を迎える。プロ入り以来目標に掲げ続けてきたリーグ2桁得点を、ついに達成した。

半年で2桁得点に達することができたのはよかった。ただ、達成感には程遠い。もっと言えば、危機感がある。アーセナルに挑戦してかなわず、ドイツのレベルで結果を残せなかった。だからセルビアに来た。この選択は間違っていなかったが、当然ここで満足しているわけではない。常に、上をめざしている。その中で、このオフにより高いレベルのクラブやリーグからのオファーがない。もちろん、コロナ禍で各国ともクラブの財政状況が厳しいのは分かっている。それでも、オファーがないという事実が、僕はまだまだそのレベルの選手なのだと思い知らされる。

カップ戦なども含めると12得点を奪えているが、僕の中では特に調子が良かったという手応えがあったわけではない。逃した好機も多く、自分の特徴を抑えてプレーする時間もあった。もっともっと点を取れたなという感覚の方が強い。

シーズン前半は数字を残せたものの、後半戦にどうなるかは分からない。調子が悪くなるかもしれない。それでも点が取れて、20ゴールが見えてくるかもしれない。とにかく、今は常に上をめざす気持ちを胸に、置かれた環境でやれることに全力を尽くすだけだ。

2021年2月のリーグ後半戦再開後も、着実にゴールを刻んでいった浅野。3月の日本代表では、14-0で大勝したモンゴル戦で途中出場から1得点を決めた。

後半開始から出て、とにかくチャンスを外しまくった。オフサイドにかかったり、決定機でシュートがGKの正面を突いてしまったり。とにかく、反省ばかりが残る。

自分のゴールを奪えないまま、11－0で後半のアディショナルタイムに入った。「取れそうなのに、こんなにも取れないものか」「俺の日ではないのか」。亨悟（古橋）が2得点など、他のFWもゴールを決めていた。アシストはできたものの、焦る気持ちがなかったと言えばウソになる。

でも、最後まであきらめてはいなかった。「絶対に決める」と自分を信じ続けた。最後の最後に、得意の抜け出しからGKと1対1になるチャンスがきた。落ち着いてGKをかわして、決めた。1点は奪えた。ものすごく、ほっとした。試合後、ハットトリックした大迫さんに声をかけられた。

「この1点。取れたことが大事、大事」

「どんな相手でも、どんな形でも、FWはゴール。それが絶対に次につながるから」

大迫さん、めっちゃ優しいなあ。そんな風に思っていた。

決して対戦相手を下に見るような考えはない。ただ、この試合で1点しか取れずに悔しかった。浮かない表情をしていたのも間違いない。

僕は結構、自分の世界に入り込むタイプ。大迫さんも決して口数が多い人ではない。だから、正直に言えば絡みはそれほど多くなかったため、声をかけてくれたことが少し意外で、驚いた。

1点しか取れなかったことは悔しいが、この1点は自分でもすごく大事だと思っている。パルチザンでも、シュートを5〜6本と外しても、最後の最後に1点決める試合がある。確かに満足はできないし、悔しい。ただ、そのまま点を取れずに終わるのか、決めて終わるのかでは、天と地ほどの差がある。結果としてもそうだが、気持ちの部分が大きい。今日のように、14点のうちの12点目で決める1点もある。一方で、僕が奪った1点で勝敗が分かれる試合もある。だからシュートをどれだけ外しても、次のチャンスを絶対にものにする。試合の中でどんな1点であろうとも、その気持ちを持ってプレーし続けなければいけない。そうでなければ、大事な場面では絶対に決められないし、そのチャンスすら訪れないかもしれない。

だから悔しさはあっても、今日の試合で決められたことはうれしい。大迫さんもその1点の意味を分かっているからこそ、かけてくれた言葉なのだと思う。

代表に定着はしてきたようでも、僕はまだまだ課題ばかりの選手だ。だからこそ、この

1点に満足することなく、次に、そしてW杯につなげていこう。改めてそう思う。

やはり、代表はいつも自分に高みをめざす気持ちを植え付けてくれる。選手も、誰ひとりおごらず、本当にプロフェッショナルだと思える人たちばかりだ。この場所に居続けたい。そのためにも、クラブでしっかりと頑張っていこう。代表で受けた刺激をクラブへ持ち帰り、またクラブで結果を出して代表へ自信を持って合流する。そんなサイクルを築いていくことが大事だ。


セルビアに戻ると、リーグの得点ランク2位につけ、得点王争いを演じた。代表でもクラブでも軌道に乗ってきた。そんな充実の時間が突如、暗転することになる。

夜逃げのように

最初はわずかなものだったが、クラブに対しての疑問が芽生えていた。それが自分の将来を考えるにつれて、少しずつ大きくなっていた。

ひとつは前年にあった、チーム得点王だったFWサディクの移籍例だ。彼の活躍を考えるとステップアップが当然だと思っていたら、スペイン2部リーグへ移籍した。悪い移籍ではないのかもしれないが、もっと上のクラブに行ける実力があった。それでもそうした移籍になったのは、本人の意思よりも、移籍金などに対するクラブの貪欲さが優先されているのではないかと感じられた。

もうひとつ。コロナ禍の段階でチームから給与を半分に減額したいと申し入れられた。納得できる説明がなく、合意のないまま半額にされていた。

パルチザンというクラブは、本当に選手のことを考えてくれているのだろうか。

パルチザンとは3年契約、2年目がまもなく終わろうとしている。W杯をめざす僕は、今季が終われば契約を1年残して、ステップアップを考えていた。そのために日々を全力で積み重ねている。今季は2桁得点でチーム得点王。いまの自分も結果を出している。そして、W杯までの時間には限りがある。よりレベルアップできる環境に身を置きたいという自分の意向を考えてもらえるのか、不安はあった。

そんな中で、当時は給与の未払いも続いていた。最初はそのうち払ってもらえるだろうと待っていた。チームにも未払いがあることを訴えてきた。

国際サッカー連盟（FIFA）の規約では、クラブ側に2カ月以上の給与未払いがあっ

た場合、選手側は契約を解除できる権利を認められている。

シーズンは5月に終わる。僕の気持ちでは、今季を最後まで戦い、そのときになっても未払いが続いていれば、契約を解除しても仕方がないと思っていた。人としてあるべき姿と、選手としてめざすものを考えて、それが最善だと一度は考えた。

4月に入っても、やはり給与の振り込みがない。代理人と相談した。もう、未払い額は数カ月分にのぼる。サッカー選手として、契約を守ってもらえていないことで、クラブへの不信感はやはり大きくなってくる。

ボールを蹴っていても、気が気じゃない。練習後にシャワーを浴びながら、ずっと自分に問いかけている。「本当に、今の状態で良いのか」

ただ、今のチームは好きで、この仲間と今季は最後までサッカーを続けたい。契約を解除した方がいい状況なのかもしれないが、それでは仲間に感謝も伝えられずに去ることになる。それは、違うのではないか。監督やコーチングスタッフの顔も思い浮かぶ。彼らとは信頼しあえている。契約解除は、その人たちに対する裏切りにはならないか。

日本代表のことも、もちろん考える。シーズン終了直後に、活動が控えている。その直前の1カ月で所属チームがなくなって試合も練習もできなければ、代表に選ばれる確率も下がるだろう。さらに、チームの去り方が日本でどのように報道されるか。それを目にした森保監督が、どう感じるのか。これからの自分の代表選考にも影響するのではないか。そんなことを、常に考えている。

4月7日、レッドスターとのベオグラード・ダービー。この日は契約のことをあまり考えずに、プレーに集中できていた。ただ、試合が終わると、また自分の状況を考える。その後も状況が変わりそうな兆しが見えず、時間だけが流れていく。

迷いが、なかなか消えない。少しずつ、体調にも影響が出てきている。でも、僕のサッカー人生だ。周りに相談すれば、意見はくれる。でも自分以外の誰にも責任はなく、すべては自分だ。人の意見に賛同して、その選択をしてもその結果はどうなるのか。どんな結果であっても、人のせいにはできない。結局は、どんなに話をしても、意見をもらっても、決断するのは自分だ。自分が、自分で、自分のために。そう自らに言い聞かせる。

誰もが、自分で、自分の人生の道を選択している。自分で決めたことの結果の積み重ねが、人生だと僕は考える。なのに、あたかも他人に決められたように、人のせいにして愚痴を吐く人がいる。でも、残業終わりに飲みに行き、会社や上司の悪口や不満を言うような人も、自分で自分の人生を決めている側面があると思う。会社や上司が嫌でも、安定をとってその会社に就職し、居続けるかどうかという選択。上司や周りの人がまだ残業しているから、何かマイナスに言われたり思われたりするのが嫌だから、残業するのかどうかという選択。ストレスを発散するために飲みに行く、上司や同僚に誘われて断れなくて飲みに行く、という選択。実はすべてに選択肢があり、それを自分で決められるはずだ。

なのに、それが悪口や文句、愚痴につながる。その悪口を言うのかどうかも、ひとつの選択ではある。僕はその悪口や文句を言ってしまった時点で、自分の人生を否定してしまっているように感じてしまう。だから、そうならない選択をしたい。

たとえ難しい状況に陥っても、そのことを含めて、すべて自分で考え、自分で決めたことの結果だと思う。だからこそ、未来の自分がどうなっても、他人のせいにはできない。今までも無意識にそうしてきたし、これからもそうしたい。

すべては自分だ。困難に直面している今、改めてそんなことを感じる。考えれば考えるほど、とてつもなく、孤独感を感じる。

試合は次から次へとやってくる。僕は先発出場を続け、チームはカップ戦でも昨年決勝で敗れたクラブを準決勝で下し、決勝に駒を進めた。タイトル獲得のチャンスが来ている。

4月も、あと1週間を残すだけになった。

僕の中で、今シーズンの途中で契約を解除するという決断へ気持ちが傾いていた。

普段、僕は日記をつけない。でも今の気持ちを整理するために、そしてまた、未来の自分がこの選択をどう感じるのかを知りたくて、日記を残すことにしていた。

4月24日、こう書いた。

「夜中3時、目が覚めて、契約のことを考えてしまって眠れなくなった。チームのみんな。今日はそれ以上に、強化部の人たちの顔が浮かんでくる。自分が知る限り、みんな良い人たちだ。もちろん、今の自分はチームの中心でやれているのだから、そうなるのは当たり前なのかもしれない。でも、その人たちは、突然自分がいなくなったらどう考えるだろうか。怒り狂うだろう」

代表のことも頭から離れなかった。契約を解除した後に日本に帰国しても、まだコロナの影響によって2週間の隔離期間がある。その期間に、代表の施設で練習ができないかと確認してみたが、さすがにリスクがあると許可してはもらえなかった。万が一、僕が日本協会の施設で練習している姿を写真に撮られでもしたら、その後の日本代表の活動全体にも影響が出かねない。自分のわがままを通すことはできない。しかし、2週間もボールを蹴れなければ、代表招集の可能性を自ら潰してしまうかもしれない。

森保さんのことも、再び頭に浮かぶ。3年半、広島で濃い時間を過ごせたのは森保さんのおかげだ。試合に出られないときも、活躍している時期も、いつも率直なやりとりをさせてもらってきた。だからこそ、お互いにお互いのことが想像できてしまう。僕が契約を解除したとしても、それについて悪く言うことは絶対にない。一方で、表には出さなくても、心の底ではなんらかの影響があるのではないか。そんな怖さが消えない。

僕は、今抱えている悩みを、森保さんと、香川さんにだけには、相談させてもらった。内容についてはこれからも明かすつもりはないが、2人とも、契約を解除した方がいいかどうかなどということではなく、浅野拓磨という人間を理解しようとしてくれた。自分の身に置き換え、自らの考えを伝えてくれた。そのことがすごく伝わり、うれしかった。

その後も状況は変わらなかった。シーズンを最後まで戦い抜きたい気持ち。契約を守ってもらえていない不信感と、それによってこれからの自分がどう左右されるのかの不安。それぞれが交互に浮かんでは消えて、またわきおこってくる。葛藤は、いつまでも消えない。本当に今までにないほどに考えた。考え抜いて、迷いに迷った末、僕は決断した。

チームを、去ることを選んだ。
すべてはW杯に行くために。そしてこの決断が、正解か、不正解か。W杯があるその日になってみないと分からないだろう。

4月29日、アウェーでのリーグ戦。

この試合が、僕にとってパルチザンで最後の試合になる。試合を終えて帰宅した後にクラブへ契約解除の通知を送ると決め、試合へ向かう。気が気じゃない。スタジアムへ向かうバスの中でも、会場でのウォーミングアップ中も、試合中も。「今日、このチームを去る」ということが頭から離れない。

でも、チームのために全力でプレーする。自陣からドリブルで3人を抜き去り、ゴールを演出する。チームメートも監督も喜び、拍手までしてくれる。

本当に、このチームが好きだ。でも、自分の夢に向かって進む。喜びと感謝をかみしめて、試合を終える。

アウェーのスタジアムから自宅に戻り、身の回りのものやサッカーに必要なものだけを持つ。日付が変わる前に、契約解除の通知をクラブへ送る。引っ越しのことを考え、料理人と代理人と一緒に家を出るギリギリまで荷物の整理をする。もう、夜中の3時だ。まるで夜逃げをするように、ドキドキしながら家を出る。映画の世界に入り込んだようだ。空港で、クラブの誰かが待ち構えていたらどうしよう。そんな怖さまで感じ、生きた心地がしない。空港に着き、すぐに荷物を預けて、出発ゲートをくぐる。機内でも、ずっと心臓がバクバクと鳴っている。

日本に帰国するための経由地のドイツ・フランクフルトに着いて初めて、気持ちが少し落ち着く。フランクフルトでは、今季までの契約だった料理人と握手をして別れた。2年以上にわたって僕の成長の力になってくれた彼には感謝しかない。

日本への便を待つ間に、浮かんでくるのはチームメートや監督の顔だ。チームも、セルビアという国も好きだった。契約面でリスペクトを感じられなくなってしまったとはいえ、自分勝手な決断だとも思う。頭に、クラブスタッフの顔が浮かぶ。僕の決断のせいで、僕によくしてくれた人のうちの誰かが、仕事を失ってしまうかもしれない。その人の家族のことも思う。どんな理由があったとしても、自分の選択で誰かが傷ついている。

Ｗ杯という一番大きな夢のためには、時間に限りがある。不本意でも、決断しなければいけないときがある。とった選択が、１００％気持ちの良いものではないこともある。僕自身はそう考えている。

「契約をきちんと守らなかったクラブが悪い」と、周りの人は言ってくれる。実際に契約がしっかり守られていれば、なかった悩みでもある。正直、今までで一番大きな悩みだった。これ以上に悩む選択も、この先はないだろうとも思う。でも、これまでと同じように、自分で考え、考え抜いて決断した。そのすべては、今の自分が持っている夢、Ｗ杯へ行く。そしてゴールを決める。そのためだけに。

自分の決断が正しかったと未来で言うためにも、現在を全力で生きる、と僕は言ってきた。ひとつひとつ、目の前の決断を後悔しないように、その選択を正解にするために、常に100%を尽くしてきた。そして今も、そう信じて夢に向かってやり続けるだけだ。「この決断が、正解だった」と言うために。

サッカー選手としての自信を取り戻し、人間としても成長し続けられた。現地の友だちもできた。そんなセルビアに、もう足を踏み入れられないかもしれない。この重さと、苦々しさは、この先も、抱え続けていくのだろう。

第4章

再起——ブンデスリーガへの再チャレンジ

パルチザンとの契約を解除して帰国した浅野は、地元の三重県・菰野町でハードな自主トレを行い、コンディションを保った。無所属で2021年5月末からW杯アジア2次予選を戦う日本代表に参加。その間、新天地をめぐる交渉は順調に進んだ。代表活動後の6月23日、ドイツ1部に昇格したボーフムと3年契約を結んだと発表した。

日本に帰国している間に、いくつかのチームから話があった。

最後はあんな形になったとはいえ、セルビアで実戦を重ねてゴールを量産した経験はとても大きい。今度は、どちらかといえば行ったことがない国で挑戦してみたいなという気持ちがあった。スペインやイタリアのチームからの話を聞いたときに、そちらもいいかもしれないと感じていた。

実は、ボーフムからのオファーは条件面で抜きんでて良かったわけではない。チームの印象も、特になかった。ドイツ1年目のシュツットガルト時代に2部で対戦したことはあったのだが、当時のことはよく覚えていない。小野伸二さんや鄭大世（チョンテセ）さん、乾（貴士）さんがいたことも、契約後に言われて「そうだったな」と思った程度だ。

その中でボーフムに決めたのは、やはりもう一度ドイツで挑戦してみたいという気持ちが大きかったからだ。ブンデスリーガのレベルは肌で分かっていた。W杯を考えたときにも、申し分はない。そしてシュツットガルト、ハノーバーでは、難しい時間が多く、自分ができると思っていても結果を残せなかった。今度は違う姿を見せると、挑みたい気持ちが日に日に強くなった。

代理人からは、縦に速いサッカーをしている、スピードを生かせる、と聞いた。契約を発表した後は、自分から調べるよりも前に、周りの人が情報をくれた。元気くん（原口）からは、「めっちゃ合ってると思うよ。足の速い選手が多くて、バンバン前に蹴るサッカーだし」と言われた。自分に合っていそうだと楽しみになった。

代表活動後に休暇をもらい、7月にクラブへ合流する。最初の練習で、すぐに手応えを得た。自分が、チームの中心を担うことができるな、と。ただ、この感覚はハノーバーのときも抱いたものだ。自分の感触が、そのまま結果につながるかどうかはまた別の話である。ハノーバーのときは結果が出ずに、出場機会を失っていった。

そのことは頭にありながら、やはり2年前と僕は違っていた。結果が出なくても、自信を失わず、自分を疑わずに、プレーできていた。これは間違いなく、セルビアでの経験が成長につながっている部分だ。

シーズン開幕前には、パーソナルトレーナーがボーフムに来てくれていた。マッサージを受けながら、他愛もない話をすることもあれば、すごく深い話になることもある。

ある日、マッサージを受けながら、僕はトレーナーに問いかけた。

「W杯に行くため、残りの期間で、やれることは全部やりたい。何か、他にやれそうなことはないですか?」

「うーん……」とトレーナーは考え込む。僕は、言葉を続ける。

「お酒って、やっぱり飲まない方がいいですかね?」

僕はシーズン中にはまったく飲酒をしないが、オフは友人と飲んで楽しむことがあった。もちろん息抜きは大事で、オンとオフの切り替えがプロの世界では本当に必要だ。ただ、その息抜きのひとつでさえも、W杯に行くためには無くした方がいいのではないかと考えた。

トレーナーは「飲まないに越したことはないと思います」と言う。

「今日から、W杯までお酒やめます」

僕は決めた。ひとりで決めるよりも、誰かに宣言した方が、気持ちが固まる。このタイミングで思いついたのも何かの縁だ。

トレーナーは、少しやり過ぎではないかと「いやあ、でも息抜きも大事なのでチームの集まりやオフのときは飲みましょう」と言う。自分でも、客観的に考えてやり過ぎだとは分かっている。でも、その考えが生まれてしまった以上、妥協できないのが僕だ。むしろ、なぜもっと早く気づかなかったのか、と思う。

W杯まで、またひとつ、やるべきことを見つけた。

ボーフムで最初の半年間はゴールが生まれなかった。加入早々には内転筋を負傷。ただ、こうしたケガや体調不良を抱えた時期を除けば、着実に先発を含めて出場を重ねた。

僕たちは結果がすべての世界を生きている。だから数字が絶対に大事なのだが、監督が起用し続けている、という事実もある意味では結果だ。ゴールが取れなくても、先発起用が続いていることで、焦りはない。

思えば、以前ドイツにいたころは、なぜあれほどマイナス思考に陥っていたのだろうか。ゴールが取れないたびに、「ヤバい、ヤバい」と思っていた。チームの結果がついてこなければ、「次に俺だけ先発落ちさせられるかもしれない」と考えていた。監督が何を考えているのかと、やたらと心配し、変に気を遣っていた。

2度目のドイツでは違った。点が取れていなくても、監督は僕を選ぶ。そうであるならば、「監督は、俺の方を良い、使いたいと思ってくれているんだ」と自信を持てる。監督の心の内を、変に勘ぐることがなくなっている。使われなくなるときが来たら、それもまた監督の決断だ。だけど、今は違うのだから、使われなくなることを過剰に恐れる必要はない。

そんな風に割りきれるようになっている。パルチザンでミロシェビッチ監督、スタノイェビッチ監督と出会い、信頼してもらえたことで得られた成長だと思う。その2人と同じように、ボーフムのライス監督も、僕にゴールを期待しつつ、それ以外の部分もきちんと見て評価してくれていると感じられている。

崖っぷちの日本代表

内転筋を痛めた影響で、浅野はW杯カタール大会のアジア最終予選が始まる9月の日本代表には参加しなかった。ただ日本代表は9月2日、吹田スタジアムでのオマーン戦を0-1で落とす。9月7日に中立地ドーハで行った中国戦は1-0で勝ったものの、苦戦続

きの結果とパッとしない内容に、チームや森保一監督への批判は高まっていた。

最終予選は、周りが思うほど簡単なものではない。そのことは、前回ロシア大会のW杯予選で身をもって痛感している。

今や日本代表は、アジアで勝って当たり前、W杯には出場して当然だと思われている。チームにかかるプレッシャーは、外の人には想像できないほど大きなものだ。そして、独特の緊張感がある。全国から注目される分、結果が出なかったり、負けたりすれば、容赦ない批判が待っている。

批判されること自体は、サッカー選手として生きる以上、ついてくるものだ。それでも結果を出していくのが、代表選手だ。僕は若手で経験したロシア大会のアジア予選で、本田さんや永嗣さん（川島）の背中や振る舞いから実感していた。4年前の最終予選も、日本はホームで黒星スタートだった。

今回の9月の代表活動は参加していなかったので、実際のチームの雰囲気がどんなものだったかまでは分からない。ただ、きっと代表には、初戦の負けで下を向くような選手はいないと考えていた。もちろん危機感や重圧はかかってくるが、僕自身、ひとつの敗戦をそこまで大ごとだとは捉えていなかった。

負傷が癒えて9月26日のシュツットガルト戦で復帰した浅野は、10月の代表活動に呼ばれる。代表には、さらなる試練が待ち受けていた。10月7日にアウェーでのサウジアラビア戦に0-1で敗れた。3試合で1勝2敗と追い込まれて、5日後にホームでグループ首位に立っていたオーストラリアを迎え打つことになった。

代表に合流すると、緊張感や硬くなっているところが、少しチーム内にあるように思えた。周囲から「本当に大丈夫なのか」と、疑いの目が向けられていることも感じていた。

どの試合もそうだが、特に最終予選はすべての試合を絶対に勝たなければいけない。すでに1敗していた時点で、僕自身も「ここからはトーナメントだ」という気持ちになった。そんな中でのサウジアラビア戦だった。この2敗目は正直、想像もしていないほど痛いものだ。本当にトーナメントだったら、W杯への道が途絶えていた。僕自身も久しぶりに先発で出場しながらゴールを奪えなかった。個人としても、チームとしても、まさに崖っぷちに追い込まれた。この危機感は、ファンやサポーター、メディアなど外にいる人たちには、想像もできないと思う。

サウジアラビアから日本へ向かう飛行機の中で、キャプテンの麻也さん（吉田）を中心に、選手がお互いに意見をぶつけあい、話し合った。2つ目の黒星に引っ張られて、下を向く選手はいなかった。みな、次への準備に全力を尽くしていた。

ただ、自分たちが崖っぷちに追い込まれている、という空気は漂っていた。もしも、日本がW杯出場を逃すようなことがあれば、日本サッカーが終わる。大げさでなく、そのくらい重い責任があるのだと誰もが分かっている。当然、森保さんの解任にもつながりかねない。誰も口にはしないが、薄々とは感じた。

あくまで僕の感覚だが、ネガティブな方向に傾きかねない緊張感や重圧がないわけではなかった。そんなちょっとした嫌な空気が、日本に帰国した後に開かれたミーティングですべて吹き飛んだ。

追い込まれた状況に置かれているにもかかわらず、森保さんの振る舞いが、それまでと何ひとつ変わっていなかったからだ。

淡々と言葉をつないで、ときに力を込める話し方。僕ら選手に問いかける視線や表情。

そこに、気負いや危機感のようなものが、良い意味で一切感じられなかった。ミーティングの内容も、拍子抜けするほどいつも通りだった。サウジアラビア戦の反省はあった。ただ、起きたミスをこと細かに取り上げるのではなく、最も強調されたことは次のオーストラリア戦に良い準備をして臨み、すべてをぶつけるんだというメッセージだ。

自分の監督解任がかかっている人とは思えない。森保さんだって人間だ。この状況を「ヤバい」とは絶対に分かっているはずだ。

選手は堂々とのびのびとプレーしてほしい、結果はすべて自分が負う。そう言って、日本サッカー界を背負う責任をすべて引き受けてきた人だ。だからといって僕ら選手に責任がないわけではないのだが、森保さんの言動からはそれが本当に伝わってくる。大きな重圧がのしかかっていることは間違いない。なのに、重いものを背負っているようには、一切感じさせないのだ。

「監督が一番、吹っ切れてるわ」

この風景が映像として、頭の中に焼き付いた。

ふっと、僕も肩の力が抜けていくのを感じた。余計なプレッシャーや責任感が、取り除かれる。負けた後に切り替えようと言うのはサッカー界の常だ。そんな表面的な言葉だけではなくて、本当に心の底から切り替えができると感じられた。

ネガティブな感情が、一切なくなった。次へ向けて100%で準備する。全集中力をかける。本当にそれだけを考えるモードに、導かれた。

僕は広島時代から森保さんを見てきている。当時から森保さんは監督、僕は選手という関係で、それ以上でも以下でもないこともよく分かっている。そのうえで、大げさに言ってしまえば、僕が勝手に森保さんを身内のような感覚で見てしまうことも確かにある。それこそ、お父さんのように。父親にはいつでも強く、大きくいてほしい。弱っている姿を大勢の前で見ることになれば、なんとも言えない気持ちになるだろう。正直、このミーティング前には、森保さんが「どんな表情でミーティングを始めるのか」と身構えてしまっていた。

だが、このときの森保さんは、普段と変わりがなさすぎて、逆にでっかく見えた。

「うわっ、エネルギーすごっ」

何か普段と違うところがないか、逆に探したくらいだ。だけど試合までの練習でも、食事など宿舎での時間でも、本当に何ひとつ変化を感じられなかった。改めて、森保さんのすごみを感じさせられた。

救世主の働き

2021年10月12日のオーストラリア戦。浅野はベンチスタートだった。日本は田中碧の代表初ゴールで幸先良く先制、主導権を握って戦いを進めた。だが後半25分、一瞬のスキを突かれて直接フリーキックをたたきこまれて同点に追いつかれてしまう。

僕は途中出場に備えてウォーミングアップをしていた。そのさなかに、試合を振り出しに戻される。「これはちょっとヤバい」という会場のお客さんの雰囲気が伝わってくる。日本のベンチ内でも、少しそうした空気は漂っている。

途中から出る僕の身からすれば、この状況は大好物だ。「自分の舞台が整った」と思った。緊張は一切なく、そんなメンタリティーだったことが、いわゆる〝ゾーンに入っていた〟証しだろう。

スタッフからユニホームに着替えるように声がかかる。ベンチから出ていこうとすると、大迫さん、元気くんが、「決めてこい」「頼むぞ」と声をかけてくれる。「任しとけ」と、普段は使わないタメ口で応じた。それくらい、余計な思考が取り除かれて、試合ですべてを出すことに集中していた。

ピッチに送り出される間際に、森保さんから声をかけられる。

「やってこい、試合を決めてこい」

「仲間のため、チームのために走ってやってくれ」

いずれも広島時代からピッチへ送り出されるときにかけられてきた、同じ言葉だ。この人は、この期に及んでも、本当に今までと何ひとつ変わらない。

後半33分、2枚目の交代で浅野は南野拓実に代わってピッチに入った。

僕はボーフムでまだ数字を残せていなかった。好不調などは抜きにして、結果で見られる世界という意味では、代表入りという事実に比例するだけの結果を残せていなかった。なのに、森保さんはこの場面で、僕を必要とし、起用してくれた。

9月の代表活動が終わった後には、ケガの回復具合をチェックするために僕のところへ来てくれた。この10月の活動でも、そしてそれまでも、トレーニングで選手をしっかり見てくれていると感じてきた。そのおかげで、僕は監督からの信頼をすごく感じることができる。

だから「俺がやってきます」と、いつも思えてきた。おこがましい言い方になるかもしれないが、信頼感のギブアンドテイクをできているような感覚だ。僕も監督を信頼して、結果で返す。その一心だった。

投入から8分後、その瞬間が訪れた。最終ラインの吉田麻也からのロングボールを、浅野は右足の甲を使った柔らかなトラップでおさめ、前を向く。敵陣左から、そのまま左足でシュート。DFに当たってコースが変わったボールは、GKの頭上を越え、右ポストに跳ね返った。最後は、クリアしようとした相手選手のオウンゴールを誘った。

誰のゴールか、オウンゴールなのかどうかも分からない。でも、ボールがゴールに入っていくのは見える。誰のゴールでも関係ない。一瞬、本当にほっとする。そして喜びを爆発させて、みんながいるベンチの方へ駆け寄る。みんなも僕に駆け寄ってきて、もみくちゃにされる。誰かが何度も僕の頬を強くたたく。それさえも、心地良い。

自分のゴールかもと思った後、場内掲示にオウンゴールと表示される。でも、そんなことはもう関係ない。

うれしさのあまり、ジャガーポーズをするのを忘れたが、オウンゴールなのでしなくてよかった。ただ、試合後のインタビューで、「カメラにジャガーポーズを」と無茶振りをされた。乗り気ではなかったが、会場の雰囲気にも呑まれて笑顔で応えてしまった。これには少し後悔している。「自分でゴールを決めたときにします」と、断っておけばよかった、と。

苦しい試合だった。本当はきれいに決めて、文句なしの自分のゴールで勝てれば一番だった。だけど、そんな１００点満点の結果にならないのもある意味では僕らしい。まだまだよ、これからもやることがあるよ、というサッカーの神様からのメッセージのようだ。記録には残らなかったけれど、ひとりでも多くの人の記憶に残ってくれていたら、それで十分にうれしい。

何よりも重要なのは、日本がこの試合に勝つことだ。誰が点を取ろうが、オウンゴールだろうが、Ｗ杯への道をつなげられれば、それでいい。

ただ、この1勝ですべてが好転したわけではない。負けたら終わり、という日本が崖っぷちの状況は変わってはいない。

試合後の円陣でも、誰ひとり大喜びはしていなかった。「次、次。次だよ」という声が、あちこちから飛び交った。

ただ、ぐっと前に出ていく力・感覚は、感じていた。相撲にたとえれば、土俵際に追い詰められて、でも押し出されそうなところを耐えて、のけぞった体を押し戻して、押し返す――。そんな感覚だ。ここから前に押し出していけるかは、自分たち次第だ。

予選が終わった後で振り返れば、このオーストラリア戦は確かにターニングポイントではあった。

W杯出場。命運を分ける抽選会

ボーフムでは着実に立場を築いていった。12月にチーム内で新型コロナウイルスが広がり浅野も感染したが、それによる隔離期間を除いて、すべての試合で出場機会を得ていた。

ただ、加入後初ゴールまでは時間を要した。その瞬間が訪れたのは2022年1月22日、ホームでのケルン戦。リーグ戦で久々のベンチスタートになった一戦だった。

コロナ感染後、なかなかコンディションが上がらなかった。フィジカル的にもメンタル的にもしんどく、やる気が起きない。それでも何かをサボることはないが、どうしてしまったのかという思いだった。実はコロナの後遺症だった。そう分かった後は、倦怠感があるのは仕方ない、と割りきり、やるべきことに集中できていた。

ケルン戦の先発落ちに、もちろん悔しさはあった。ただ、気持ちが落ちることはなかった。まあ、これで見切られたわけでもない。先発で使いたくなったら、また使われるだろう。途中から出たら、見ていろよ。そんな受け止めだ。隔離の影響もあり、チームに合流できたのは年明けからだった。コンディションもまだ上がりきってはいない。直前のカップ戦でも、きついなあと感じながら、良いパフォーマンスができていなかった。

そんな中で途中から出たこの試合で、移籍後初ゴールを挙げられた。ここからまだまだ盛り返せるというイメージは持っていた。でも、そのために「結果を残さないと」と変に力むこともなかった。良い意味で気持ちの余裕を持てていた。だから、ゴール前のチャンスで冷静になれた。

この試合が終われば、また次の日本代表活動だ。それまでには絶対にゴールを決めたいと考えていたので、それが実行できてよかった。メンタル的には、上向いた状態で代表に合流できる。

2021年10月のオーストラリア戦で起死回生の勝利を挙げた日本代表は、息を吹き返し、連勝を続けていた。そして2022年3月24日、敵地でのオーストラリア戦にも三笘薫の2得点で勝ち、7大会連続のW杯出場を決めた。

大迫さんを負傷で欠いていたこのオーストラリア戦、僕は久しぶりに代表で先発した。大迫さんとはプレーの特徴がまったく異なり、同じことが求められているわけでもない。代役、というよりも、自分のプレーをしようと臨んだ。

相手が前掛かりに来たのは試合前の予想通り。その中で、背後を狙って相手最終ラインを下げ、陣形を間延びさせてスペースを作るタスクを担う。その役割自体は果たせた。ただ、一番はゴールを決めたかった。だからこそ、個人的には悔しさが残る試合になった。

前回ロシア大会の予選では、本大会行きを決めるゴールを挙げた。昨年の対戦では決勝のオウンゴールを誘った。いずれもオーストラリアが相手だったこともあって、周りやメディアから「オーストラリアキラー」と期待されたのも感じていた。何より、僕自身が自分に期待していた。

ただ、まずは日本がW杯行きを決められたことに、ほっとした。個人的な悔しさはあるが、それ以前にチームのためにできることは100%全力で出し切った。

日本のW杯出場が決まった。まずは、スタートラインに立つことができた。ここまでは、前回のW杯と同じだ。ここからが、僕にとっては新たな挑戦になる。落選した前回と同じことを繰り返さないためにも、もっともっと成長していかなければいけない。

心持ちも、やはり前回とは少し違う。当時は漠然と「W杯ってどんなところなのだろう」と考えていた。油断をしていたわけではないが、自分はW杯に行くものだという感覚があった。そこから、本大会へ行けなくなる経験をした。

だからこそ、残りの期間で何が起こるかは分からない。それを僕が一番感じていて、良くも悪くも身をもって知っている。今まで選ばれていない選手が、代表に入ってくることだってあり得る。すべてのことが起こり得るのだ。

そんな思いがあるから、感慨や喜びもそこそこだ。僕自身のW杯出場という目標に対して、改めて、すぐに切り替えて向かっていかなければいけない。まだまだ夢への道半ばだという気持ちでいっぱいだ。

4月1日にはW杯カタール大会の抽選があり、日本はドイツ、コスタリカ対ニュージーランドの勝者、スペインと1次リーグで対戦することが決まった。その翌日のリーグ戦で、浅野はブンデスリーガの舞台で自身初めてとなる1試合2得点の活躍を果たす。

ドイツ、スペインと同組と聞いたときにどう思ったか？　何度となく聞かれたが、僕自身はそれほど相手を気にしていなかった。それほどサッカーを見るわけではなく、各国のチームや選手についての情報をあまり知らないこともある。それ以上に、選手としては試合前から負けるかもと思って試合に臨むことなんて絶対にない。強い相手かもしれないが、W杯で対戦する相手に弱いところなんてあるわけがないとも思う。

もちろん、初戦でドイツと当たることに、ドイツでプレーしている者として縁は感じる。ブンデスリーガでプレーしていて、「できる」という実感を持っていることも大きい。やってやるぞ、やれるぞ、という感覚が一番強い。もちろん、それを証明するためにも、W杯に出ることがまずは第一だ。

たまたま、抽選会直後の試合で活躍できた。ゴールが取れたことは何よりだ。この試合に、ドイツ代表のハンジ・フリック監督が視察に来ていたらしい。試合後のインタビューで「ハンジ・フリックを知っていますか」と聞かれ、僕は「何それ？」と答えた。ドイツ代表監督が誰なのかということ以前に、聞かれているのが人名なのかどうかも分からなかったくらいだ。ただ、その映像がドイツ国内で拡散され、「挑発か？」と話題になってしまった。僕は本当に知らなかっただけなのだが、ヒーローになった試合で少し恥をかいてしまった。

とにかく今は、一喜一憂することなく、W杯のメンバーに入り、そして活躍することをイメージし続けている。そのために今、目の前のクラブで、できることに全力で取り組む。その一心だけで過ごしている。

ボーフムはこの年、バイエルン・ミュンヘンやドルトムントといった強豪から勝ち星を奪うなど、昇格組ながらダークホースぶりをいかんなく発揮した。攻撃陣は、長身ＦＷに、ドリブラーに、快足にと曲者（くせもの）ぞろい。その一角を浅野もシーズンを通して担い、リーグ3得点。18チーム中13位での残留に貢献した。

「ヒーローになります」

この1年を通じてブンデスリーガでプレーし続けられた。自信にはなったし、次のシーズンがまた楽しみになる。

そしてW杯までいよいよ、残り半年だ。僕が前回、まったく試合に出られなくなったW杯前の半年が、また来る。そして気づけば、あのロシア大会でのメンバー落選から4年が経った。

この4年、ずっと上り調子で来たわけではない。「もう終わった選手だ」と見られることもあった。その中で、自分の夢のために自分を信じてここまでやってきた。

それでもまだ、自分は今のままでは代表に残れない。ここからW杯メンバーに入れば、それは逆転劇だ。その逆転を起こせるように、ここから頑張っていくしかない。

クラブでは結果が出ていない時期でも、起用し続けられることで自信や余裕を持つことができるようになった。ただ、日本代表ではやはり違う。代表は、それこそ周りのFWを見渡せば、数字を残してきている選手ばかりだ。そこに入っていくと、クラブでの数字が伴っていない僕は、緊張感や危機感を覚えずにはいられない。ここ数年で考えても、代表で最も余裕を持ってプレーできていたのはパルチザンでの2季目、ゴールを量産できていた期間だ。

27歳と、日本代表でも中堅どころになる。W杯に出られたら、28歳での初舞台だ。この4年間で、年下の選手がどんどん出てきた。それでも、僕は今でも自分が一番若手、一番下だという気持ちでいる。「上をめざす」と言うが、では僕の上にいる人が、どれだけのことをやってきているか。かつては本田さん、今も長友さんの姿を見るたびに、僕は刺激を受けている。上にいる人は、そこに居続けていられるだけのことをやり続けている。その人たちを、下にいる自分が抜こうとするならば、やはりその人たちがやっていること以上の取り組みをしなければ、上には行けない。

そして、努力や取り組みを続けるには、最後はやっぱり気持ち、メンタルの部分が大事になると思う。僕自身を考えても、センスや才能なんてものはない。気持ちが8~9割で、ここまでなんとか来た選手だ。だからこれからも、ひとつのこともサボれないし、手を抜くつもりもない。そのひとつをサボってしまえば、W杯には手が届かなくなる。そんな選手だと、自分を捉えている。

シーズンを終えた5月中旬、浅野は翌週に控える代表活動へ向けて日本へ帰国した。話しながら、コーヒーをとりミルクを入れる。かつてはブラウンシュガーを加えていたカフェオレを、無糖で飲むようになっていた。そんなところにも、この男がどれだけW杯を見据えて日々を過ごしてきたかが垣間見えた。

すべてはW杯のため。もちろん、何もかも我慢すればいいものだとは思っていない。僕自身、甘いものは変わらずに好きだ。ボーフムに来てから一度、あえてケーキを食べてみたらその週の練習でも試合でも調子が良かったことがあった。それからは週に一度のケーキを楽しみに、心身のバランスを保っている。

日本代表は6月に4試合を戦った。多くの選手が起用され、まさにW杯へのサバイバルが始まっていた。浅野は6月2日、札幌ドームでのパラグアイ戦で先制点を決めた。

元気くんの縦パスで抜け出し、GKとの1対1でループシュートを選択し、決められた。この一連の流れは、描いていた通りのプレーができた。落ち着けている。

2022年6月2日、浅野はパラグアイ戦でループシュートを決める（提供：朝日新聞社）

ただ、これでメンバー争いから一歩抜け出せたなどとはまったく思えない。まだまだ追い上げていかないといけない。追いついていかなければいけない。

代表活動を終えると、シーズンオフの期間を利用し、浅野は地元の三重県に帰った。

地元では、小学生と一緒にボールを蹴るイベントに参加した。その後、集まったみんなの前で、自分に言い聞かせるように、こう言った。

「半年後、W杯に行けていないかもしれない。むしろ、その可能性の方が今は高い。行けなかったら笑ってください」
「でも、ここから成長して絶対に行く。見ていてください。絶対にW杯に行きます。そしてヒーローになります」

僕は普段から、Jリーグも海外サッカーもあまり見ない。正直に言えば、サッカーが大好き、という人に比べたら、サッカーそのものが好きというわけでもない。日本代表では、いつでもサッカーの話をしている選手もいる。僕はそうした人たちの話の輪に、あまり入れないこともある。将来引退したら、サッカーに関わっていないかもしれない。

そんな僕が、なぜサッカーに対して、W杯に向けて、これほどまでに日々、全力を注げるのか。

その答えが、「ヒーロー」だ。

僕は小さいころからヒーローになりたかった。みんなより目立ちたい。なんでも勝ちたい。1位になりたい。そんな人間だ。それをかなえる手段が、サッカーというだけだ。サッカーを始めたのも、2人の兄がサッカーをしていたから、物心ついたときにはボールを蹴っていた。それだけだ。

ただ、僕は今に至るまで、サッカーを続けてきた。それもすべて、ヒーローになるためだ。ヒーローになるために、プロサッカー選手になりたい。ヒーローになるために、日本代表に入りたい。ヒーローになるために、ゴールを決めたい。

今もそうだ。ヒーローになるために、W杯に出たい。

本来であれば、この6月にW杯があるはずだった。最近は好調で、6月の代表活動では手応えを確かに感じた。パラグアイ戦で少し足を痛めはしたが、大きな問題はない。W杯が例年通りの夏開催だったら、おそらくメンバー入りはできていただろう。そうだったらよかったのに、という思いもある。

一方で、このW杯が半年遅くなったという事実に、きっとなんらかの意味があるとも考える。そこを見落としてはいけない。残りの半年も、まだまだ簡単にはいかない、そんなに甘くないぞ、と自分に言い聞かせる。前回の落選経験があるだけに、心して臨まなければいけない。W杯までの期間を90分で考えた試合の、本当に最終盤だ。気を抜くつもりは一切ない。ケガだけはしないように。そして、W杯に絶対に行けるように、そのために少しでも成長できるように。手を合わせて、心の中で誓う。

どこか予言めいていた。そして最後の試練が、現実のものになって降りかかってくる。

第5章

信念——大会直前に負ったケガからの復活

ボーフムでの2季目は、シーズン最初の公式戦となるカップ戦で1ゴールを挙げて始まった。2022年8月6日のリーグ開幕からも、順調に先発に名を連ね続けた。第6節の9月10日、敵地でのシャルケ戦。開始からわずか39秒の出来事だった。

ピッチ中央での競り合いのこぼれ球。味方がラフなパスを僕へ出す。ただ、ボールに近いのは相手選手。先に触れられそうだ。僕はプレッシャーをかけようと、遅れて足を出す。相手のクリアボールが、右足のつま先に当たる。足は伸びきって、力が抜けていた。それが災いしたのか。ボールが当たった衝撃の直後、右ひざに嫌な痛みが走る。そのまま、倒れ込む。

「これはヤバい」。試合映像で見ると不鮮明だが、実は相手とはまったく接触していない。ボールが当たった結果、ひざへ変な方向から力が加わっただけだ。本当にちょっとしたプレーだ。それでも、右ひざがおかしい。

なんとか痛みがすぐに和らぐことを祈る。少し走ってみれば、気にならなくなるかもしれない。プレーを続けてみようとするが、ダメだ。走ることすらままならない。すぐに、ベンチへ交代の合図を送る。

前半4分で、負傷交代を余儀なくされた。

その場に倒れ込んで、天を仰いだ。
「マジか、ここでか」「サッカーの神様、このタイミングで試練を課すか」
ケガだけはしないように、と毎日、願って過ごしてきたのに。

正直、泣きそうになるくらいに「なんでや」と、どうすることもできない気持ちになる。ただ、W杯が終わった、という考えは一切ない。むしろ、ひざを痛めた直後に考えたのは、W杯のために無理をしない方がいいかどうかということだった。その結果、交代を自分から申し出た。かつての自分ならば、必死にプレーを続けようとしていたかもしれない。ここでも、ひとつ自分の成長を感じる。

試合後、思ったよりもひどくないことを願い、とにかくできるケアを全部する。悔しさはある、とてつもなく。ただ、W杯までの半年、良いことか悪いことかは分からないが、何が起きてもおかしくないという覚悟は持っていた。だから痛恨のケガではあるが、どこか心の準備はできていた。

むしろ、週明けに診断を受けてから、気持ちが揺れた。診断結果は、いわゆる内側側副靱帯などの損傷、全治まで8～10週という見通しだった。

クラブから、W杯までの公式戦復帰は難しそうだと言われた。試合に出られないということは、W杯の代表メンバー発表前に、アピールできる場がないということになる。その瞬間に初めて、「W杯がダメかもしれない」と焦りが出てきた。

ただ、クラブのメディカルスタッフは「W杯には間に合うぞ」と言う。拍子抜けした。彼らは、11月23日のドイツ戦には復帰できるという考えだった。

「いやいや、俺、日本代表でそんな絶対的な選手ちゃうで」

「試合に出られるか分からないケガ人に居場所があるほど、日本代表は甘くないぞ」

そう思い、何も言うことができなかった。

一方で、実は僕の全治については確定しきれない部分があった。診断画像では内側側副靱帯の他に、もう1箇所損傷があるように映っていた。ただ、これが画像を撮る角度によって損傷と見える例がある、負傷するような箇所ではない、という見解もあった。痛みも、損傷していればもっと出るはずだということだった。

画像を日本代表のメディカルスタッフにも見せて、同様の見解をもらった。そうであるならば、4〜6週で復帰できる可能性がある。代表発表までに復帰できるかもしれない。光が見えた。1試合でもいい、試合ができる姿を見せられれば、W杯への道はつながる。

それだけで、希望を取り戻すには十分だった。

ケガをしたのは災難だが、それこそあと1週間遅かったら、復帰の可能性がなくなる時期だった。ボーフムからも、日本代表スタッフからも、W杯をあきらめられていたかもしれない。間に合う段階での負傷でよかった。11月上旬までに復帰すれば可能性は十分にある。不幸中の幸いだ。

W杯をあきらめる必要はまったくない。前向きな気持ちで、リハビリに臨む日々が始まった。

リハビリの日々

リハビリ中に悲観的になることはほとんどなかった。それは間違いなく、周りの人たちのおかげだ。何事もできれば自分で解決したいと思う僕が、この期間は本当に人に頼りきった。

最も頼もしい存在は、日本代表のメディカルスタッフやトレーナーだった。デュッセルドルフの協会事務所に、代表スタッフが日本から来て、常駐してくれた。そこへ治療で通うことができるのは、本当にありがたかった。

偶然にも同じ時期に、同じく内側側副靱帯を滉（板倉）も負傷した。それまであまりしゃべったこともなかったのだが、このケガを機にリハビリで毎日のように顔を合わせるようになった。2人で励ましあい、ときには競って、リハビリをともにした。「内側仲間」がいたのは、思いのほか大きい。

もっとも、僕と滉では、回復をめざすアプローチが異なっていた。ひとつは負傷直後の期間に患部を固定するか、しないかだ。僕は固定し、滉は固定していなかった。

ケガから2週間が経ち、ひざを徐々に曲げるように試みたが、とにかく僕はひざが曲がるようになるのが遅かった。滉は固定しなかった分、曲がるのが早い。僕の方が治りが遅いようで、焦る気持ちもあった。

ただ、僕は痛みがあっても、筋力がある分、ひざが完全に曲がらなくても他の筋肉を使うことでジョギングができた。普通ならば痛くてできないはずだというメニューも、でき

2022年10月30日、ピッチでのリハビリに励む浅野（提供：朝日新聞社）

るようになっている。ボーフムのスタッフも「回復が早い」と驚く。これも、もしかしたら食事などに気を遣い、トレーニングを重ねてきたおかげかもしれない。自分が積み重ねてきたものは、やはり無駄ではなかった。ケガをしたことで分かるのも皮肉なことだが、そう実感できた。あとは滉に追いつき、追い抜いて、自分の方が早くピッチに立つぞ。そんな風に考える。

走ることができる。こなせるリハビリメニューも増えている。順調な回復だと僕も周囲も考えていた。4週間が経ち、再検査をして画像を撮った。すると、まだ患部に炎症が残っているという。これは、予想外だった。

結論から言えば、クラブの当初の診断の通りに、もう一箇所の靭帯を負傷していると確定した。リハビリのペースも一度、落とさなければいけないと言われる。それは想定したよりも、復帰時期が遅くなることを意味する。リハビリ期間で唯一、落ち込んだ。「おもんないな」と、メンタル的にはきつい。

でも、気持ちは切れなかった。それは、日本代表の発表が11月1日になると聞いたことが大きかった。僕は勝手に、代表発表はリーグ戦が終わってからだと思い込んでいた。だから最初から10月中の復帰は考えておらず、11月上旬の復帰をめざしてきた。

メンバー発表が11月1日ならば、そもそもはじめから発表前の復帰は不可能だったのだ。我ながら面白いもので、だからといってW杯をあきらめなければいけないとは思わなかった。選ばれたときに備えて、本番でピッチに立てる状態へ持っていこう。そんな風に、逆に割りきった。

そう思えたのは、代表の人たちがつきっきりで僕の回復に協力してくれている事実が大きかった。これだけ協力してくれているのだから、ケガをしていても本番に間に合いそうならば、メンバー入りの可能性があると考えるようになった。入るか入らないかは、もう森保さんが決めることだ。僕にできることは、初戦のドイツ戦で活躍できる状態に持っていくことだ。

この瞬間から、僕はドイツ戦に照準を合わせた。

もちろん、そのためにはリーグ最終戦に出て、大会直前の親善試合でもピッチに立つのがベストだ。今は試合でアピールすることができない。でも、回復具合をアピールすることはできる。それが今、僕がメンバー入りを果たすために、取り組むべきことだ。

母の病

少しの停滞期間はあっても、リハビリに一心不乱に取り組めたのは、実はもうひとつ大きな理由がある。

母が、大腸ガンだと判明していたのだ。

僕がケガをする前日の9月9日に、母は検査を受けた。腫瘍が見つかり、再検査で腫瘍は悪性、ガンだと発覚した。僕はその数日後、家族とテレビ電話をして知った。母は自分から言う人ではない。兄や弟も知らなかった。僕も、自分のケガのことを話していた。アレビ電話の最中、末っ子の妹が横から「お母さん、病気なんやで」と言った。「え?」。僕が詳しく尋ねて、母もやっと病気のことを話してくれた。幸い、治療が可能なステージ2ということだった。検査も、何か不調があったから受けたわけではなかった。母の家系は女性が57歳で亡くなる例が多かったようだ。母もまもなく57歳になる。だから検査してみようと思ったという。本当に、たまたまだ。

もちろん放っておけるわけがない。治療には入院して手術を受けなければならなかった。母は最初、W杯が終わってからにすると言った。僕がW杯のピッチに立つと信じているから、その姿を絶対に見たいというのだ。でも僕にとっては、母の命が何よりも大事だ。入院や手術も、今日明日ですぐにできるものでもない。一刻も早く、治療に取りかかってほしいと頼み込んだ。母も、それならば、と病院に早めに手術ができないかを聞いた。

ようやく10月11日から10日間ほど入院し、その間に腫瘍の摘出手術を受けた。もちろん絶対に安全ということではない。万が一のリスクもある。母もそれを気にして、治療を後回しにしようとしたのだろう。僕自身、気が気じゃなかった。無事に手術が終わったと聞いて、本当にほっとした。

母が、人知れず頑張っている。僕がカタールの地でピッチに立っている姿を、何よりも楽しみにしている。術後も辛いはずなのに、早く回復しようと、退院を待たずに病院を歩き回り、階段を昇り降りしていたようだ。飛行機に乗れるようになるまで回復するんだと頑張ってくれている。

だからこそ、カタールに僕が行っていないわけにはいかない。自分の夢だから、W杯に行きたいというだけではなくなった。もちろん、これまでも「自分の夢」＝「家族のため」ではあった。でも、今はこれまで以上に、母にW杯に出ている姿を見せなければいけないという思いだ。そして僕自身が、母にW杯を見に来てほしい。母だけが回復して、僕が回復していないなんてことはあり得ない。母が、僕を見に来る舞台を、整えなければいけない。

たくさんの力を借りて

いつものようにチームでのリハビリを終え、デュッセルドルフの日本協会事務所での治療に向かったある日。いつも僕の体を見てくれている代表トレーナーと、ドイツを拠点に常に日本代表のために働いてくれている代表マネジャーと食事に行った。そこで、初めて聞いた。最初は、僕のケガに対してW杯は無理だと判断していた、と。

それでも、マネジャーとトレーナーの間で、「本当にそれでいいのか」「たとえ結果的には無理だったとしても、今できることはないのか」と話し合ってくれたという。その結果、トレーナーがドイツへ交代で来て、毎日治療をするという決断をしてくれたというのだ。

それを聞いて、今まで以上に感じた。「俺は、たくさんの人の力を借りてここにいる」と。

そして、改めて心に誓う。

「絶対にW杯に行く」

「それしか俺にできること、返せるものはない」

そのために全力でやるしかない、と、またパワーをもらう。

ボーフムというクラブも、信じられないほどに僕の治療に協力的だった。給料を払っているクラブの立場を考えれば、治療に専念してW杯後の試合から復帰するように求められてもおかしくない。外国人の僕ならばなおさらだ。でも、監督も強化部門の人も、クラブスタッフも、僕をW杯に送り出そうと考えてくれた。「大丈夫、W杯には間に合うから」と、声をかけ続けてくれた。炎症を抑えるためにリハビリのペースを落とさざるを得なかった期間も、当初の10日間から、僕の意見も聞いて1週間に縮めてくれた。

ボーフムで中軸を担えていたことで、チームは、僕がケガをしていようが絶対に日本代表に入ると思っている。僕としては、「日本代表はそんな甘いところとちゃうで」と改めて思う。でも、絶対にW杯に行くと思ってくれていることが、僕にはありがたい。

チームメートもリハビリの様子を気にしてくれている。コスタリカ人のDFでクリスティアン・ガンボアという選手がいる。彼もコスタリカ代表に入ったことはあるのだが、カタール大会のメンバー入りは無理そうだという。そのガンボアが、とにかくリハビリ中の僕をいじってくる。ケガをしてから毎朝、クラブハウスで顔を合わせるたびに「W杯へ向けてやっているか!?」と聞いてくる。当然、「イエス」と答えるが、なぜか「ノーノーノー」と言われる。「返事が小さい！　もっと声を出せ！」というのだ。

最初はうっとうしかったけど、励まそうとしてくれているのは分かる。ならば、思い切ってこいつに流されてみて、バカになってみよう。それが何かにつながるかもしれない。

「イエーッッッス！」。そう叫ぶと、満足そうな表情で、ようやく解放してくれる。というか、叫ばないとOKをくれない。

そんなやりとりが毎日ある。そのうち、彼も調子に乗っていたずらをするように、他のチームメートがいる前で僕に絡むようになる。そのたびに、僕はみんなに爆笑されながら、叫び続ける。

再検査直後のリハビリが停滞した期間も、母のことが頭をよぎっていたときも、そんなことは知らない彼はお構いなしだ。でも、だからこそ、僕も精神的に落ち込みそうなところで踏ん張れたのかもしれない。

ケガから6週間が経つころ、ボールを使った練習も始まった。10月下旬。クラブハウスのジムに浅野の姿があった。音楽を聴きながら、結構なペースでエアロバイクをこぐ。足を思い切り振り上げる動作も、問題はなさそうだ。チームの全体練習が終わると、リハビリコーチのベネディクト・オッフェンハウザーとともにグラウンドへ出た。

「ベンネ」と呼んでいるリハビリコーチには、本当にお世話になっている。僕の〝相棒〟だ。

海外に出てから、ケガをすると日本ではなかった苦労をたくさん味わってきた。最も大きかったのは、スタッフやトレーナーとのコミュニケーションの取り方の違いだ。考え方の違いであり、どちらが良い悪いという話ではない。ただ、こちらの人はメディカルスタッフの見解に重きを置く。僕の感覚や意見を聞き、臨機応変にリハビリプログラムを調整してくれることが少なかった。こちらから聞かなければ、詳しい説明もない。かつては「本当にこれで大丈夫なのだろうか」と感じながら、復帰をめざしたこともあった。実際に再発を繰り返した経験も、過去にはあった。

でも、ベンネは違う。ある意味で、すごく日本人っぽいと感じている。自分の考え方を押しつけず、僕の意見をよく聞いてくれる。もっとできる、大丈夫だ、と言うと、それをいったん聞き入れて、「じゃあ、こうしてみよう」と提案してくれる。もちろん慎重になることもあるが、そのときも都度、丁寧な説明をくれる。だから僕も、納得して自分の主張を取り下げて、彼に従おうと思える。

「これで本当に大丈夫なんだな」

「大丈夫だ。W杯には絶対に間に合わせるから」

そんなやりとりを何度もしている。信頼関係を築けている。

約1時間半。グラウンドで浅野はステップワークにドリブル、シュート練習と精力的に

取り組む。さすがに、右足から放ったシュートにまだ力はない。少し、顔をゆがめていた。もちろん痛みはまだ引いていなかった。ただ、「グート、グート」というリハビリコーチの声に励まされながら、秋晴れのもと、心地良さそうに汗を流していた。

物静かであまり感情を出さない人柄も、ベンネが日本人のように感じられるところだった。のちに、W杯のメンバー入りが決まってからも、特別な声をかけられることはなく、いつも通りにリハビリに付き合ってくれた。僕が集中していることを尊重してくれたのだろう。W杯へ出発するときには、別の選手のリハビリについていたから特に言葉を交わすこともなかった。W杯後に至っては、チームメートが「ジャーマンキラー」と僕をからかう中で、ベンネは何も言わず、遠巻きにニコニコしていた。それも、いつも通りだった。ただ、態度には出さなくても、僕の復帰や活躍を本当に喜んでくれていたのは伝わってきた。そんな奥ゆかしさがある人だ。海外に出てから、彼ほど信頼して、また感謝している人はいない。

ボーフムの人たちはみな、本当に親身になって、僕をW杯に行かせようとしてくれた。ベンネを筆頭に、彼らがいなかったらどうなっていたことかと思う。

元10番のエール

さまざまな人に支えられ、W杯へ近づく浅野。10月30日、クラブでのリハビリを終え、いつものようにデュッセルドルフの日本協会事務所での治療に向かった。日本代表メンバー発表の2日前、最後のひと押しを受ける。W杯ロシア大会で10番を背負った香川真司だ。

デュッセルドルフの協会事務所で治療をしていると、真司さんが突然現れた。ベルギーのシントトロイデンから、弾丸で来たというのだ。

僕がケガをしてから、真司さんからは何度も連絡をもらっていた。それで十分なほど気にかけてくれていたのに、代表メンバー発表の直前には直接顔を見せに来てくれた。この人はどこまで大きい人なのだと思わされた。「俺、絶対、他人のためにここまでできへんわ」と自分の小ささを感じる。

治療を終え、車で一緒にボーフムへ向かった。僕の家に着いたのは夜10時ごろ。遅い時間になったが、家にあるサウナに一緒に入った。暑い密室の中で、4年前の話、W杯がどういう舞台なのか、いろいろと話してくれた。

真司さんは、決して言葉で多くを語る人ではない。それでも、自分の経験を踏まえ、僕を励ましてくれた。

「4年前は、俺が落ちると思ってたからな」。真司さんもロシア大会直前はケガを抱えていたから、メンバー入りは無理だと思ったという。それでもメンバー入りして、初戦で先取点を奪った。そんな経験をした真司さんだから、説得力があった。

「だからまあ思うのは。W杯って、どういう選手ならば選ばれる、とかいうレベルじゃないよ」

「W杯は、この4年間が問われる。4年間で、何をしてきたか。それがあるヤツが、最終的には絶対入るから」

僕はただただ、その言葉を感じ、かみしめた。そして、心の中で再確認した。

「この4年半。W杯のためだけを考え、すべてを選択し、実行してきた」

自分ではそう思えた。もちろん、結果がどうなるのかは分からない。それでも、真司さんの言葉を信じようと思えた。

短かったが、濃く、有意義な時間を過ごして、眠りに就いた。

翌朝、僕はリハビリのために早起きだった。少し寝不足のまま、いつも通りに洗面所で顔を洗い、着替えようと部屋へ戻った。すると真司さんはそのスキを見て、僕の部屋のベッドで寝ていた。僕はびっくりして、「うわっ！」と叫んだ。前夜に「僕は朝早いので、気にせず寝ていてください」と伝えていた。なのに、僕よりも先に起きて、そんなことをしてくれる。

一瞬で目が覚めた。朝食を摂って、家を出る直前に、真司さんに「一緒に写真を撮ってください」と頼んだ。真司さんは「それなら昨日言えよ」と言いながら、応じてくれた。SNSに載せたかったが、この写真はお互いに寝起きで、顔がパンパンだったからNGだ。2人の思い出としてしまっている。

そんなやりとりをして、家を出た。

「俺、真司さんにパワーもらったと思うんで。絶対、メンバー入ってW杯行きます」

「おう。大丈夫やろ」

その短い言葉を、僕はとてつもなく重く感じ、またパワーをもらった。メンバー発表の直前、絶対にW杯に行くと心に決めて、感謝を胸に、リハビリへ向かった。別れ際に真司さんから、「これやるわ」と使っていた財布を譲り受けた。

これをお守りとしてW杯に持っていっていたのは、ここだけの秘密だ。

運命の日。代表発表

2022年11月1日、運命の日本代表発表を迎えた。日本時間午後2時、ドイツでは朝6時から始まる記者会見。配信された映像を、浅野は日本の母とテレビ電話をつないで見守った。

前回の経験もあり、会見はひとりで見たいという気持ちがあった。ただ、母が一緒に見たいということで、テレビ電話越しの母、そして料理人として僕と同居している弟（五男）と3人で見ることにした。

開始から15分ほど経過したころ、「浅野拓磨」と森保一監督が読み上げた。

その瞬間、隣にいる弟が大きな声をあげて喜ぶ。iPadの画面の向こうには、涙を流しながら喜んでいる母が映っている。

待ちわびた瞬間だ。なのに、僕自身は、一生懸命に喜ぶことができずにいる。ただただ、ほっとする。そんな僕の反応を見て、母も弟も喜びがシューンとしぼんで、落ち着いていく。一緒に喜びを爆発させられなくて、申し訳ないな。そう思いながら弟を見ると、その目に涙がにじんでいる。

僕がボーフムに移るタイミングで、弟に専属料理人を任せることにした。その際に、こんな約束をしていた。

「俺がケガをしたり、W杯に行けなかったら、お前の責任にもなるからな。その気持ちでやる覚悟があるなら、お願いしたい」

弟はその通り、相当な覚悟と責任を持って僕を支えてくれた。特に、僕が今回のケガを負ってからは、1日でも早く復帰できるように、いろいろと考えて協力してくれた。料理だけではない。僕が車を運転できない期間は毎日、クラブハウスへの送り迎えと、治療のためにデュッセルドルフに通う往復2時間の運転をしてくれた。今回のケガに関しては、食事では防ぎようがないものだ。自分がかつて弟にかけた言葉を考えると、可哀想(かわいそう)なことをしたかなと思っていた。涙を流す弟を見て、改めて感謝の気持ちでいっぱいになる。

いろんな思いはありながら、やはり僕は自分で引いてしまうほどに落ち着いている。驚くほど冷静だ。もちろん、うれしい。前回のW杯ロシア大会はバックアップメンバーとして過ごした。今回は日本代表のメンバーとして、W杯に向けて準備ができる。そのことに対するうれしさだ。

スタートラインに立てた。まだリハビリ中だが、W杯への準備を続けられる。そのことにほっとした。代表に選ばれることがゴールならば、この時点でもっともっと喜んだだろう。だけど、違う。自分でも、これはいいことだと思う。ある意味、落ちることを想像していなかった。W杯に出て活躍する、そのために全力で準備することだけを考えている。だからこのメンバー発表は、本大会の手前にあるひとつの段階に過ぎない。

そして、思う。僕が心から喜べるのは、W杯が終わり、日本に戻ったときなのだろうなと。たとえW杯のピッチに立ったとしても、ヒーローになる活躍ができたとしても、まだ次の試合があるうちは、そこへ向かってまた全力で準備するだけなのだろう。

大喜びできない理由は、もうひとつあった。僕の名前が呼ばれる瞬間に、同時に呼ばれていない選手がいることが頭をよぎった。ロシア大会で僕はその経験をしているから、余計にそういう気持ちを抱く。

浅野がハノーバーでベンチ外になったとき、親身になって励ました原口元気。日本代表でゴールを奪うのに苦労していた浅野へ、声をかけた大迫勇也。ともにW杯アジア予選を戦い、間違いなく日本を本大会へ導く力になった2人の名前が、呼ばれなかった。

いろんな先輩の背中を見て、学ばせてもらい、今の僕がある。今の僕につながっている。少なくともW杯ロシア大会以降の代表に絡んできた選手の姿は見てきている。

ただ、いろんな人の思いや代表の伝統を受け継ぐ、といったことは僕には言えない。そこまで意識する余裕が僕にはまだまだない。何よりも、代表の魂を受け継いでいるのかどうかは、周りの人が判断することだ。先輩の姿から学び、今の僕があるのは確かだ。ならば僕が考えるのは、自分を貫くこと。自分のために全力を尽くすこと。そうやって取り組み、結果が出た後に、あとは周りの人が判断してくれればいい。

だからこそ、僕は自分がゴールを決めて、ヒーローになる姿だけを思い描く。苦しいときに、チームを、自分を救うゴールを決める。そんなヒーローに、W杯でなる。改めて、心に決めた。

発表が終わり、スマートフォンを見ると大量の祝福のメッセージが届いていた。グッと身が引き締まった。その中でも、最初に届いていた祝福は真司さんからだった。「はやっ(笑)」。お礼も兼ねて自分から報告をしたいと考えていたから、先を越された思いですぐにテレビ電話をかけた。つながった画面は真っ暗で、何も見えなかった。真司さんは発表だけを見て二度寝しようとしていた。「本当にありがとうございます。やってきます」とだけ伝えると、「おう、頑張ってこいよ!」と託された。

いろんな人の後押しで、W杯へ向かえる。本番での復帰へ、全力で進むだけだ。

直前の実戦復帰

11月の第2週、浅野はチームの全体練習に合流した。W杯による中断に入る前の最後の1週間。12日のリーグ戦での復帰をめざした。結局、ベンチ入りはかなわず、公式戦での復帰を経ないままにカタールへ出発することになった。

僕としては、中断直前の試合に出るつもりだった。まだ、コンディションは戻り切っていないが、少しでも実戦感覚を取り戻し、状態を上げていきたい。ただ、チームの状態は悪くなく、他の選手の調子もいい。復帰した自分と、誰を入れ替えるのか。監督からは「今回は無理をする必要がない」と説明され、メンバー外になった。試合に出たいが、その理由も納得はできる。切り替えて、あとは大会直前の親善試合で、全力でプレーしようという気持ちだけだ。

11月17日、カタールの隣国アラブ首長国連邦で行った親善試合のカナダ戦で、浅野は実戦復帰を果たす。先発し、前半の45分間ピッチに立った。

正直、ひざの痛みはまだ残っている。無意識に、痛みを恐れて思うようにプレーできないこともある。ただ、どういった動きをすれば痛みが大きいか、反対に痛みを感じにくいプレーはどういったものか。そのあたりを確認し、感覚をつかめたのは大きい。

それ以上に、やはりまだ試合感覚やコンディション・体力面が戻り切っていない。「クソみたいなプレーをしている」と、自分が一番分かっている。ただこの45分で、間違いなく試合勘とコンディションが上がった感覚をつかむ。「よし、ドイツ戦にいい準備ができている」と思う。

これも森保監督のプランなのだろう。


W杯カタール大会の初戦、ドイツ戦は6日後に迫っていた。

第6章

帰結――ワールドカップでつかんだ夢とその後

2022年11月17日のカナダ戦後、浅野はW杯の初戦に向けて最後の詰めの日々を過ごしていた。

いよいよ、W杯が目の前に迫ってきた。ひざの痛みは、完全に消えてはいない。毎日、治療を受けて、少しでも良いコンディションで臨めるように、最善の準備をする。試合の2日前まで、練習内容は普段と大きく変わらない。繰り返し、できる準備を、徹底的にやり尽くすだけだ。

ドイツ戦を翌日に控えた11月22日の夜、浅野ら日本代表の選手は前日の非公開練習を終えて、ホテルに戻った。

カタールに到着していた母と電話をした。

「やっとやなあ」と母が言う。僕もこう返す。

「あとはホンマ、やるだけやわ」

「やれる気しかしやんわ」

これから24時間後には、W杯の最初の試合が終わっている。そのとき、日本は、僕は、どうなっているのだろうか。想像もつかない。

やっと、ここまでたどりついた。あとはキックオフまで、最後までぬかりなく、最高の準備をするだけだ。しっかり食べて、しっかり寝て、100%の力を出すコンディションを整える。

夕食のビュッフェには、うなぎと、ハンバーグが並んでいた。「そっかそっか、明日、試合や」。日本代表では試合前日の夕食で、必ずこの2品が出る。おいしく食べて、また気持ちが高まっていく。

明日、W杯が始まる。「ついにこの日が来たか」。高揚していながら、どこか落ち着いた気持ちで、眠りに就く。

その夜はぐっすりと眠ることができた。朝、起きると意外にも緊張はない。心の底から「やるしかない」という精神になれていた。

11月23日。ついに、W杯カタール大会の初戦、ドイツと戦う日を迎える。

午前中に、再び母と電話をした。話した内容は前夜と大きく変わらない。やっと来た、やるだけだ。その気持ちが、さらに盛り上がっていく。

昼の軽食を摂り、ホテル出発前のミーティングまであと1時間になる。

みんなは部屋に戻ったり、シャワーを浴びたりして準備する時間だ。僕はそこで、試合直前の治療を受ける。見てくれたトレーナーは、僕がケガをしてから、ドイツの日本協会事務所に常駐し、リハビリを手伝ってくれた人だ。最後に、こう言って送り出してくれた。

「あとはやるだけだ」「頼んだぞ」

その言葉に、改めて思う。ケガをしてからも、自分ができることはすべてやってきた自負がある。それだけではない。いろんな人から、僕に対してやってもらえることも、すべてやってもらえた。

大事な場面ほど、自分の力だけではどうにもならないことがある。でも、そこにいろんな人の気持ちが乗っかると、何かが起こる。その何かを起こす力を、僕は持っていると思っている。
だから、やれる。ずっとめざしてきたこの日に、すべてを注ぐ。
「任せてください」とトレーナーと握手をし、治療部屋を後にした。
そしてミーティングを終え、バスで出発した。

ホテルを出て約15分後。スタジアムが見えてくる。

夢舞台を前に

スタジアムに到着し、ウォーミングアップでグラウンドに出た浅野。2018年のロシア大会では目の前にあるのに遠く感じたピッチを、ついに踏む。

ロッカールームを出て、ピッチへ向かう通路を通り過ぎる。その間も、体中がゾクゾクしていた。その感覚が最高潮に達したのは、ピッチに出た瞬間だった。
「ついに、来たか！　ついに始まるんだ」

ピッチに出ると、家族を探し、メインスタンド側にその姿を見つける。ウォーミングアップはいつものように、ゴールラインからピッチ内へ向かってステップを踏む動作から始まる。2列に並んで、マーカーに沿って、15～20メートルほど進む。スタート位置に戻るときに、ゴール裏の観客席が目に入る。

その盛り上がりや熱量が、これまでの代表戦と一緒なのか、異なるのかはよく分からない。ただ、この光景が頭に焼き付く。スタンドまでが近く感じて、ひとりひとりの表情まではっきりと分かる。最も新鮮なのは、日本人だけでなく、他国の人も僕らへ声援を送っていることだ。日本のファンなのか、ドイツのファンなのか、W杯の会場に盛り上がりに来ているだけなのかは分からない。ただ、今まではなかったもので、W杯でしか経験できないものだろう。この光景に、またドキドキして胸が高鳴る。

ウォーミングアップ中も、ずっとワクワク、ゾクゾクしていた。

アップを終え、メインスタンド側にあるロッカールームへ戻る。いつも通りに、家族へ手を振った。「やっと見せられる。この舞台でプレーする姿を」

ロッカールームに戻る。声を出す選手がいれば、プレーの確認をする選手もいる。僕はいつものように手をたたき、声を出す。「よっしゃ、いこう、いこう」。そう言った後は、集中して自分の世界に入り込む。ロッカーに座り、目を瞑り、手を合わせた。後は祈る。「絶対にゴールを決められるように」と。

母校・四日市中央工業高校の樋口士郎監督が口にしていたことがある。「人事を尽くして、天命を待つ」と。その言葉通りにやってきた自信がある。今が、まさにそのときだ。この日のために、できることはすべてやってきた。あとは結果がどう転ぶのか。それは神様しか知らない。僕は、自分のすべてを出すことに集中するだけだ。

「1分前！」。ロッカーをまもなく出ることを告げるスタッフの声が響く。それを合図に選手とスタッフみんなで、円陣を組む。

キャプテンの麻也さん（吉田）が気合を入れた。その内容を、僕は正直覚えていない。完全に、自分の世界に入り込んでいた。

先発ではなかった僕は、ベンチへ向かった。スタジアム内はすごい雰囲気だった。「うおー、ついに始まるか」

ただ、そんな状況下でも僕は、ウォーミングアップ中とは打って変わって、ただただ冷静だった。

ベンチで迎えたキックオフ。ついにW杯が始まった。ただ、そこまで緊張もしていなかった。W杯だから、という特別な気持ちも大きくはなかった。

自分でも予測していなかったほど冷静だ。「あまり、緊張してへんな」。試合が始まると、もっとドキドキするかと思っていた。

それは、今の自分が出せる100%を、すべて出し切る準備が整っているからだろう。

成功しようが失敗しようが、関係ない。緊張で持っているものを出せないかもしれない、なんてことも考えない。ケガをしていようが、調子が良かろうが悪かろうが、どうでもいい。今の状態も含めたうえで、たとえ負けたとしても、自分のすべてを出し切るだけだ。

大然（前田）と交代で、試合に入る瞬間も、ただただ思っていた。

「マジで、やるだけや」

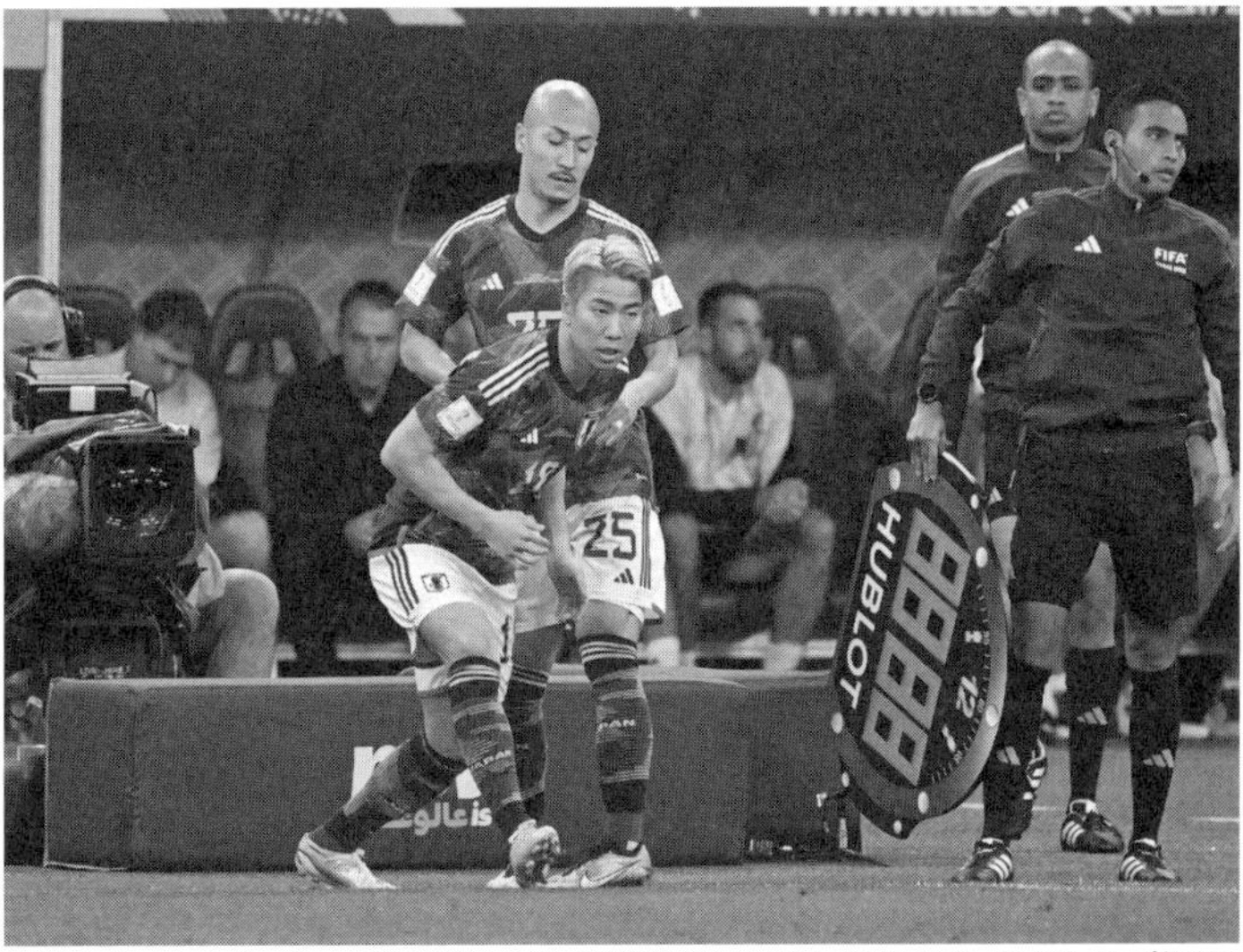

W杯カタール大会・ドイツ戦後半12分、浅野は前田大然と交代でピッチに入る（提供：朝日新聞社）

入った先のピッチで、浅野は本当にすべてを出し切った。そして、決勝ゴールを決め、ヒーローになった。

自分の持っているものは、決して多くはない。すごい選手でもない。ただ、持ってるものを全部出せばいい。心の底からそう思えていた。ずっとめざしてきた試合を前に、緊張で足がフワフワしたり、体がこわばったりしたりすることが一切なかった。

この舞台で、この境地に達することができた。それが、僕がこの日までの一日一日を全力で過ごしてきた成果なのかもしれない。

ドイツ戦が終わると、翌日の11月24日からはすぐに次のコスタリカ戦に向けた準備が始まった。

朝、起きると、体がめちゃくちゃしんどい。負傷明けでの公式戦だったことはもちろんある。でもそれ以上に、W杯という舞台は1試合を戦うだけで、途中出場であっても、これほどまでに肉体的にも精神的にもすり減るものなのか。そう痛感する。

この日の午前中も、家族に会う。「これで終わりじゃないって、なにか残酷やな」と口にした。

もちろん、頭も体も次の試合へ向けて切り替わってはいる。ただ、感じる。W杯で優勝するには、これを7回、繰り返さないといけないのだ。バックアップメンバーだったロシア大会では分からなかったことだ。ドイツ戦で終わりであれば、ただただ幸せな気持ちだけが残って終わっていた。でも現実には、大会が続く。始まったばかりだ。

昨日の勝利を意味あるものにするためにも、まずは1次リーグの残り2試合が大事だ。チームのみんなを見渡しても、誰も浮足立ってはいない。日本の選手もスタッフも、ベスト8を、いや、優勝を、本気でめざしている。

僕たちは、歴代最強の日本代表だ。ドイツに勝ったという結果だけでなく、そう感じられている。それはチームの雰囲気が、強いチームが持つべきメンタリティーになってきていると感じるからだ。

大会期間中の日本代表では、試合の2日前に選手ミーティングが入るのが通例だった。

そこではメンタル的な部分の話もあるが、それ以上にサッカー面の話が多い。ロシア大会のときのように大会直前だからと、互いが思いを述べ合い、気持ちを高めるようなことは、ドイツ戦の前もしなかった。そうしたことをする必要がない集団になっている。日本がどれだけ盛り上がっているかが分かるような、僕らの勝利に多くの人が喜ぶ様子は試合後のロッカールームで映し出された。それで十分だ。日本代表は本物のプロの集まりになっている。

選手みんなが、どんな相手でも本気で勝てると自分たちを信じている。だから、わざわざ気持ちを高める必要がない。その分、ミーティングでは、より具体的に勝つための方法を探す。W杯だから、何か特別なことをしなければいけないわけではないのだ。普段通り、日頃から試合に勝つために積み重ねてきたことを、この舞台で出すだけだ。

戦いの終わり

11月27日、日本はコスタリカに0－1で敗れる。初戦に続いて、浅野は途中出場でピッチに立ち、シュート3本を放つもゴールが遠かった。

ドイツ戦までは、日本が追い込まれているという感覚があった。チームの空気が悪かったわけではない。状況を客観的に見て、そうだったというだけだ。相手は優勝経験国。それでも日本は初戦で負けるわけにはいかない。強い相手だが、グループリーグを勝ち抜くためにも、勝ち点を取らなければいけない。

初戦に勝ち、追い込まれた感覚はなくなった。コスタリカ戦までの準備で、何かドイツ戦までと違った点があるとすればそれだけだ。コスタリカを甘く見ることも、チーム内の緩みも一切なかった。

それでも結果は紙一重だ。コスタリカ戦も勝つ可能性は十分にあった。ただ、仕留めきれずにいると、最後に相手に勝ちをさらわれることがある。それもサッカーだ。それがまさに、この試合で起きてしまった。メンバーを変更して臨んだが、ドイツ戦のままでいってもよかったという考えもある。一方で、先々のことを考えてターンオーバーをするのも理解できる。そのあたりもよかったか悪かったかは、結果論だ。全力で勝ちにいき、敗れた。これもW杯だ。

感覚的には、再び追い込まれたようには思う。次は負けられない、勝たなければいけない。そして相手は強豪スペイン。初戦前と、また同じような状況になっただけだ。チームはぶれない。追い込まれたといっても、「ならば勝つ」という気概に満ちあふれている。相手が強かろうが、やるべきことを実行するだけだ。

スペイン戦を前に、選手が開いたミーティングでのことだった。

永嗣さん（川島）がみんなを前に話し始めた。

「W杯は、何度出ても、そのたびに毎回、本当に素晴らしい場所だと感じる」

「この場所にいることだけで、すごいことなんだ。それを分かって、思い切りプレーしてほしい」

顔を上げて前を見ると、永嗣さんは、話しながら涙を流している。

ヤバい。僕の涙腺が崩壊する。

永嗣さんは4度目のW杯だ。今大会は、控えに回っている。自分が出られない現状を理解したうえで、言葉を発していた。

僕は、自分の4年半前のことが頭をよぎった。どれだけW杯に出たいと思い、焦がれていたか。たたかれてもいい。ベンチでもいいから、W杯のメンバーでいたい。そう思っていた。自分の歩みが重なって、永嗣さんの言葉が心にしみる。震える。

ただ、周りを見ると、みんな表情は変わらなかった。泣いていたのは、永嗣さんと僕だけだった。下を向く。

チームのみんながどう感じていたのかは分からない。ただ僕にとっては、改めて気持ちを奮い立たされる時間だった。

12月1日のスペイン戦。日本は見事な逆転勝利をおさめ、E組1位で決勝トーナメント進出を決めた。浅野は3戦連続の途中出場、劣勢の中、守備で奮闘した。

ここからは、負けたら終わりの決勝トーナメントだ。でも、試合へ向かう気持ちと、やるべきことは、これまでと一緒だ。W杯は、すべての試合が決勝戦。楽な相手はひとつもないが、今の日本ならば勝てる可能性は十分にある。

試合と試合の合間に、代表の食事でラーメンが出たことがあった。息抜きの意味もあるのだろう。みんな、喜んで食べていた。おかわりをする選手もいた。僕も食べようと思って「ひとつ下さい」と言おうと、シェフのもとへ行った。

でも、その言葉が僕の口からは出てこなかった。

その1回の食事でラーメンを口にしたからといって、別に何かが変わることはないと思う。食べたから点が取れなくなる、なんてことはないだろう。スイーツも一緒だ。食べる選手は食べる。代表の選手は誰もが、自分で栄養を考えて食事をしている。人によって考え方も違う。正解はひとつではない。

そうだと分かっているのに、なぜ僕は我慢したのか。僕は4年半、このW杯のためだけにすべてを考えてきた。食事も、そのひとつだ。ラーメンをまったく食べなかったわけではもちろんない。ただ、このW杯の期間中、その1日で、これまでの4年半を壊すことはできない。そんな思いで、食べることができなかった。

本当に日々、大会中もできることはすべてやり、体のケアと疲労回復に全力で取り組んでいる。それでも、僕自身はかつてないほど疲労が積み重なっている。ケガ明けで臨んだW杯で怒濤の3連戦。全試合途中出場ではあるが、どの試合も強度が高く、これまでにない疲労を感じている。試合を追うごとに、体が思うように動かなくなっている感覚がある。

12月5日の決戦トーナメント1回戦。クロアチアを相手に、日本史上初のベスト8進出をかけた挑戦が始まる。浅野は1－1の後半19分からピッチに送り出された。

これほどの大舞台に立てる。あと少しで、ベスト8に行ける。その可能性が十分にある。僕のゴールで、そこにたどりつくんだ。日本を勝利に導くのだ。

そう臨んだ僕の出来は、散々だった。

対峙した相手センターバックのグバルディオルは、ドイツ1部リーグのライプツィヒに所属している。対戦したこともあるはずだが、特段、何か印象は持っていなかった。その

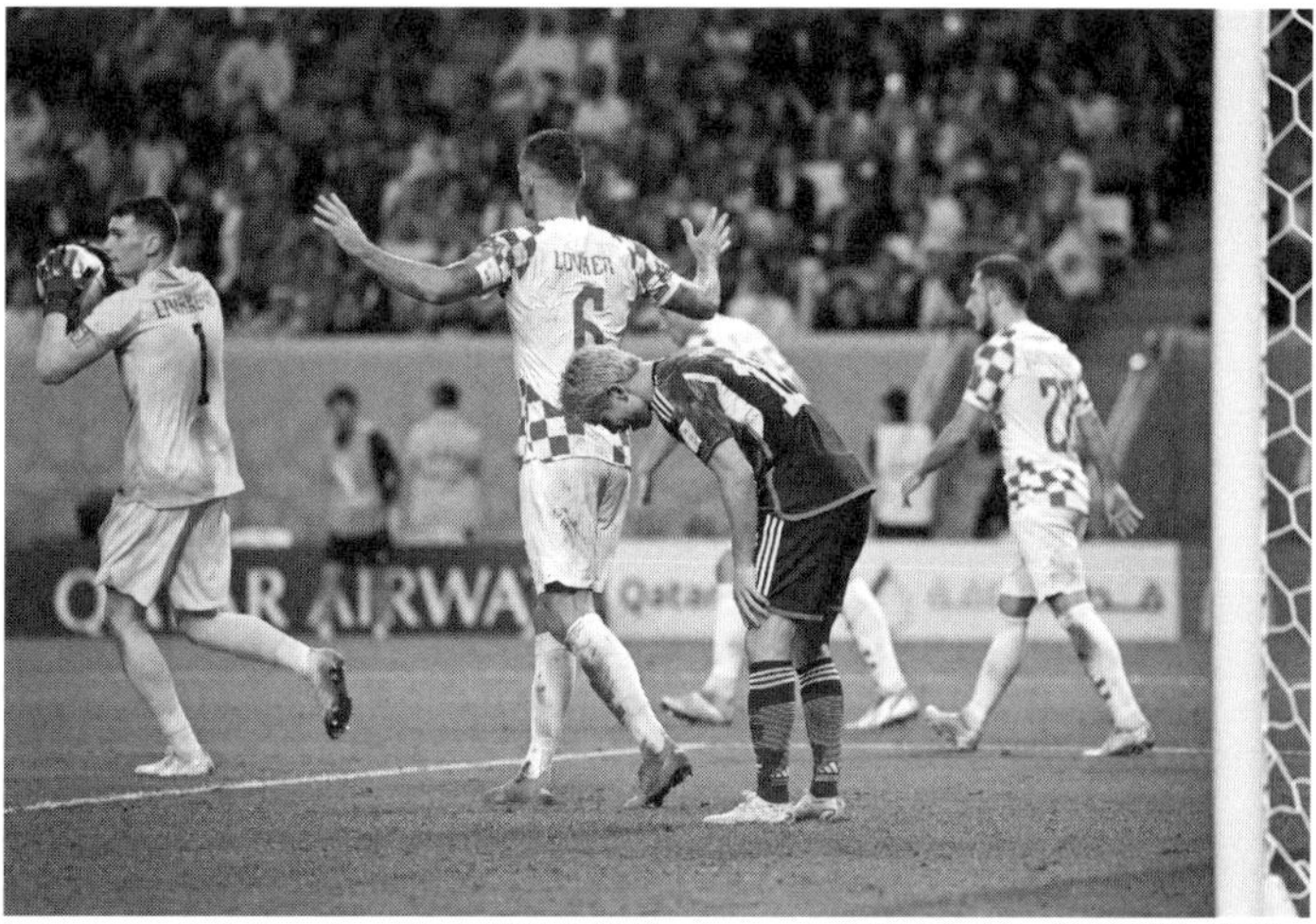

W杯カタール大会・クロアチア戦延長後半、シュートを阻まれ悔しがる浅野（提供：朝日新聞社）

相手に、完全に抑えこまれた。終わった後に、いろんな人から「研究されていた」といった声をかけてもらった。でも、僕の感覚は違う。相手がどうこうというわけではなく、自分のプレーをまったく表現できなかった。

疲労の影響もあり、自分の動きにキレがないのを感じた。前線で、なかなかボールをおさめられなかった。味方が攻め上がる時間を作れなかった。相手との走り合いになるパスをもらっても、トラップが流れたところを狙われて球を奪われた……。

中でも悔しかったのは、思うように止まることができなかった点だ。延長前半、いくつか僕が立ち止まり、ボールを受けられていれば、大チャンスになりそうな場面が来た。ただ、僕は急停止をすることができなかった。相手に背中から当たられ、踏ん張りがきかずに倒れてしまった。ここでボールを止められていれば。味方にワンタッチでつなげていれば……。思うようなプレーができなかった。本当に、「クソみたいなプレーだ」と、自分に腹が立っていた。

結局、延長戦を戦っても日本、クロアチアともに勝ち越し点は生まれなかった。

終了の笛が鳴る。もう、すべてを出し切った。そのうえで、まったく自分が通用していない。この試合は何もできない。あとはPK戦。「もう、みんな頼んだ」。自分がPKを蹴る勇気や意欲は、最小のものになっている。

森保監督がPK戦のキッカーを募る。「誰が蹴る?」と、選手に問いかける。いつもの自分ならば、真っ先に手を挙げていただろう。でも、今は挙げる気がまったく起きない。

少し、時間が空く。拓実(南野)が手を挙げる。

2人目は薫(三笘)が名乗り出る。

そして3人目。また時間が一瞬、空く。誰も手を挙げない。

その瞬間。

「あ、ここで手を挙げやんかったら、俺、もう終わっていくな」という思いが頭をよぎる。

試合中に何もできなかった。ただ、後悔はない。自分はこの試合に至るまで、全力を尽くした。そのうえで、まだまだ、この舞台で活躍するには力が足りないのだ。自分は下手くそだ。もちろん、これから伸びていけばいい。だが、今は何もできない。それが自分なのだと、認めてしまっている。

ただ、それでも――。もし、ここでPKを蹴らなかったら……。勝っても負けても、後悔するだろうな。

森保さんの顔を見て、キッカーを挙手制にしている意味を考える。おそらく森保さんも、みんなが次々に手を挙げると思っていたのだろう。きっと、この状況は想定外だ。

森保さんとこれまで戦ってきたことを思う。自分が歩んできた道のりを振り返る。そんな今までの取り組みが、ここで逃げたら、大げさに言えばすべて台無しになる気がする。

出し切った感はある。でも、それ以上に、やりきるのだ。ここまでやれることはやったのかもしれない。でも、まだ、自分にやれることがある。

気づいたら、手を挙げていた。

誰も手を挙げなかった時間があったことが、自分にとってはラッキーだった。

PK戦が始まり、南野拓実と三笘薫がシュートを止められた。クロアチアは2人とも成功。0-2で、3番手の浅野がPKへ向かった。

相手のGKが当たっている。僕に至るまでの流れが悪い。

でも、そんなことは関係ない。自分のリズムで、自分のシュートを打つ。僕がやるべきことは、それ以上でも以下でもない。重圧やプレッシャーは、特に感じない。

ボールを置いて、5歩下がり、1歩左へ。いつも通りの、僕のPKのルーティンだ。

思い切り、ゴール右へシュートを打った。GKは反対に飛んだが、GKのことは特に気にしていなかったから、狙って逆を取ったわけではない。

続くクロアチアの3人目が失敗。ただ日本は4人目の吉田麻也が止められた。そしてクロアチアの4人目が成功し、PK戦は1－3で決着した。

終わった。

「俺の夢が、カタールW杯が、終わった」

日本の敗退が決まり、涙があふれてくる。悔しさしかない。何を言われても、頭に入ってこない。

「何もできなかった」「俺のせいで負けた」。

自分へのふがいなさだけが、湧いて出てくる。

本当に情けなく、悔しいという言葉では言い表せない感情になる。チームのみんなにも本当に申し訳ない。ただただ、そう思う。

でも、時間は進んでいく。

試合後のミックスゾーン。何もしゃべりたくない。ただ、質問は次から次へと投げかけられる。ありのままを話し、偽りのない気持ちを口にしていると、自然に「次へ向かってやるしかない」と言っている。今、僕にできることはそれしかない。だから、またここから、次に向けてスタートしよう。間違いなく、今までで一番悔しい。でも、進むしかない。この悔しさを超える喜びを感じるために。そこに向けて、進もう。

宿舎に戻り、夕食をチームで摂る。誰もしゃべっていない。こんなことは、プロ選手になってから初めてのことだ。次から次に試合が来るプロの選手は、切り替えがとてもうまい。プロになった直後は、衝撃を受けた。「なぜこの人たちは負けたのに、笑っていられるのか」と思っていた。ただ、自分がプロの世界で生きていくにつれて、無理やりにでもそうしないと、戦っていけないのだと気づいた。だから僕も、負けて笑うことはできないけれども、常に切り替えるように、ひとつの負けに引っ張られないようにしてきた。

でも、今は……。切り替えがうまい日本のトップ選手たちが、誰もがこの敗戦に押しつぶされている。W杯という舞台の大きさを、改めて思う。この悔しさを、晴らせる機会がすぐには来ない。4年は長い。いや、人によっては、再びW杯に立てるのかどうかも分からない。だからこそ、この大会が終わってしまった事実が、とてつもなく重くのしかかってくる。

同じテーブルに、トミ（冨安健洋）が座っている。その姿が、脳裏に焼き付く。顔面蒼白で、ぼうぜんとしていて、抜け殻のようになっている。試合に負けた。そしてトミは負傷までした。その姿を見て、また思う。

「俺のせいや」「ごめん、みんな」

いたたまれなくなり、無言で食事を終えて部屋に戻る。LINEに大量のメッセージが届いている。ベッドに横になって、眺める。「感動した」「よくやった」「惜しかった」。どんな言葉も、心に刺さらない。励まされれば励まされるほど、「俺が悪かった」「俺のせいで負けた」と突きつけられている気分になる。もちろん、送ってくれた人がそんなつもりではないことは分かっている。返信をするのでもなく、ただただ、悔しさを抱えてメッセージを読み流す。

最後の夜で、集まって話す選手もいるのだろう。でも僕は、部屋から出ることができない。

いつも、僕は試合を直後に見返す。反省点を洗い出し、次に生かすために、自分のプレーを確認する。それが、このクロアチア戦だけはできない。この本を書いている現在でも、まだ映像を見返せていない。これからも、見られないだろう。

翌日。チームは解散する。スタッフも選手も全員が集まって、最後のミーティングが開かれる。みんなの前で、森保監督が話す。聞こえているはずのその言葉が、頭に何も入ってこない。「すいません」と、申し訳ない気持ちばかりが募る。

キャプテンの麻也さん、そして永嗣さんや長友さんが選手を代表して話す。「ありがとう」とみんなの前で言う。みんな泣いている。聞いている選手もスタッフも、全員が泣いているのではないだろうか。

僕もようやく、少しずつ言葉が飲み込めるようになってきた。その中でも、永嗣さんの言葉が心にしみた。

「ずっとめざしてきたW杯が終わると、心にぽっかりと穴が空いたような感覚になる。そして、なんのためにサッカーをやっているんだろう、なんのために今、頑張っているんだろうと思うことがある」

「今はそれでいい。無理に切り替えなくていい。でも、そういうときにこれだけは覚えていてほしい。サッカーができていることに、幸せや喜びを感じてほしい」

「そうしていれば時間が解決してくれる。また、意欲が湧いてくる。気持ちは、自然と湧いてくるから」

その通りだな。

僕自身、サッカー人生の中で、サッカーができていることの幸せは感じてきた。なかなか公式戦の出場機会を得られないときも、セルビアへ行って人びとから忘れられたときも、苦しいけどボールを蹴れている、大好きなサッカーを仕事にできている、そのことを幸せに感じてきた。もっと言えば、生きているだけで丸儲けだとも思っている。どれだけ悔しいことや悲しいことがあっても、今、生きている。それだけで幸せだ。だからこそ、失敗を恐れずに夢や目標に向かっていける。そんな感覚で、僕は子どものころから生きてきている。

このときの永嗣さんの言葉は、その後も大切にしている。

そして、チームは解散した。僕は、飛行機に乗るまでに時間があった。ふとしたときに、また思った。

「出し切った」「後悔はない」。そして、ドイツ戦でゴールを決めたうれしさは、もうとっくに消えていた。ただただ、悔しい。ベスト8に届かなかった。何よりも、寂しさが大きい。僕の、日本の、カタールW杯が終わった。ずっとめざしてきたものが、ひとつ、終わった。

もちろん、直前のケガがなかったら、とは思う。100%のコンディションで、もっと良い状態で臨みたかった。ただそれは終わったことだ。ケガをしていなければ、あれほどの集中力をドイツ戦で発揮できていなかった可能性だってある。

すべては、過去のこと。すべてをひっくるめて、これが今の自分の実力なのだ。

心に、ぽっかりと穴が空いているのは確かだ。

同時に思う。僕には、悔しさだけが残っている。

それがよかった。ずっとめざしてきてようやく立った夢の舞台で、あんなに情けないプレーをした。このままでは終われない。それが、今回を超える結果をめざすことにつながる。悔しさで終わったから、次へ向かえる。

日本代表チームが解散した後、僕はいったんドイツに戻り、ボーフムに合流した。日本代表のみんなと一緒に、直接日本に帰りたかったが、ボーフムの監督からの指示で1週間ほどトレーニングと練習試合をこなした。

全力で向かっていたひとつの夢が終わった。オフはすぐに来る。なのに1週間だけチームに合流したことで、「やりきった」という思いとともに、「今はなんのためにやっているんだ？」という気持ちを覚えた。ある意味では、永嗣さんがチーム解散のときに言っていた通りになった。

ようやくオフになって、日本に帰国した。

喜びを感じるならば、大会が終わって日本に戻ったときだと思っていた。もちろん、いろんな人が言ってくれた。「感動した」「ありがとう」と。

すごくありがたい。でも、そのたびに悔しさが募る。達成感は、これっぽっちもない。

感謝の会

日本に帰国した日、まずは代理人と焼き肉に行く。ビールで、乾杯した。

コツン、とジョッキをあわせる。その瞬間にまたひとつ、「あ、終わったな」と、区切りを迎えた感慨が湧いてくる。

ボーフムに移籍してから、オフでもお酒を断ってきた。W杯が終わったら、まずは代理人とお酒を飲もう、一番最初の乾杯をしようと決めていた。その楽しみにしていた瞬間が訪れた。そんな思いと、またひとつ何かが自分の中で終わるという寂しさとが、入りまじっていた。

W杯の試合はその後、12月18日の決勝・アルゼンチン対フランスだけを見た。深夜のバーで、一緒にいた人たちはみんな帰った。ひとり、ソファーに腰掛けて、眠い目をこすりながら画面を眺めていた。

この試合には、本当に圧倒された。見てよかった。ものすごい試合だ。W杯の1試合がどれだけ精神的にも肉体的にも消耗するものなのかを、僕は身をもって知った。そのW杯で、この人たちは7試合目になっても、これだけ強度も質も高いプレーをしているのだ。全員がW杯の7試合を戦い抜くタフさを持っている。そのうえで、交代で出てくる選手もまたすごい。本当に、誰が出ても、7試合を戦い抜ける力のある選手が集まるチームが、決勝を戦うのだな。頂点を争うのだな。そう感じた。

フランスとアルゼンチンの試合を見て、なんて遠い距離なのだろうと感じる。同時に思う。彼らが戦っているのと同じ大会に、これほどの舞台に、僕は出ていたのだ。同じところに立っていたのだ。改めて、W杯の大きさと、自分の経験したことの意味を考える。

プロサッカー選手になって、ちょうど10年が経つ。その年に、W杯にも出た。ひとつの区切りと思って、僕は地元で「感謝の会」を企画した。

12月24日、クリスマスイブの三重・四日市市のホテル。小中学校からの同級生やコーチ、学校の先生など、お世話になった人たちに集まってもらった。少年時代のコーチと、四日市中央工業高校で監督だった樋口さんは、残念ながら別の予定と重なって来られなかった。ただ、お二人にはこれまでのオフのときには会えていた。今回は、そうした日頃のオフでは会えていなかった、久しぶりの人たちとも会いたいと思っていた。

すべて自分で計画して用意した会だ。準備には代理人や家族の力を借りた。うまくいったのか、みんなに楽しんでもらえたかは分からない。海外の立食パーティーのようになればいいなと考えていた。みんなに思い思いに楽しんでもらい、それぞれのテーブルに僕があいさつして回る形を思い描いていた。ただ、会が始まってみると、そうはならなかった。僕が立ち話をしていたら、そこに行列ができていた。結局、僕は会の間、そこから一歩も動かずに、みんなと写真を撮ったり、話し続けたりする形になってしまった（笑）。

W杯までの間は、実はオフのたびに「俺、嫌なヤツになったな」と感じてきていた。友人と会っても、心の底から楽しめなかった。つい、「この時間に意味があるのだろうか」「W杯につながるのだろうか」と考えることが増えていた。どんどん、付き合いも悪くなった。すべての時間を、行動を、W杯につながりそうなのかそうではないのか、の基準だけで判断するようになっていた。それがこの4年半だ。

「お、お前、戻ってきたな」。会で声をかけてくれた友人の言葉が、胸に刺さった。

この日は久しぶりに、心の底から友人たちとの時間を楽しむことができた。バカ騒ぎもできるようになっていた。

W杯をめざし、そのためだけにすべてを捧げた。自分を追い込み、思い詰めているように見えていたのかもしれない。周りも、そんな僕を見守ってきてくれていたのだろう。改めて、浅野拓磨という選手を、人間を、応援してくれる人たちがいることのありがたみを思った。

自分を導いた「疑信力」

カタールW杯までを振り返って思うことがある。もちろん自分を信じてきたが、一方で簡単にW杯にたどりつけるだけの才能がある選手だとも思っていない。そんな自分が、W杯に出る夢を現実にできたのはなぜだろうか。どんな力が、あったのだろうか。

その力を、僕は「疑信力」と表現している。

僕ひとりではW杯にたどりつけなかった。周りの人の力を借りて、いろんな取り組みをしてきた。料理人やトレーナー、チームのスタッフや監督もそう、仲間もそうだ。

ただ、そういう人たちも含めて、僕はこの人を頼ろうと考える際に、実はまず、疑ってかかる。「本当にこの取り組みが、自分の成長につながるのだろうか」「言う通りにすることで、W杯に行ける可能性が高まるのだろうか」「騙されていないか」と。相手の言うことを鵜呑みにせず、まずは一度、自分の中で納得できるかどうかをかみ砕いて考える。

その過程を経たうえで、人を頼るかどうかを決める。考えてみれば、他人の言うことが

100%僕に当てはまるかどうかは分からない。そもそも絶対の正解なんてないとも思っている。それなのに最初からすべて信じるのは、他人に僕の人生を丸投げしてしまっているようなものだ。僕はそんなことはしたくない。だからまずは何事も疑いから入る。そしてどうするか考える。信じると決めたら、それは僕の決断なのだから、あとはその決断に責任を持って100%を尽くす。

その信じるという決断をした後も、僕の中には常に、「もしかしたら騙されているかも」という2割の疑いがある。そして、残りの8割で信じている。だから、たとえ騙されたとしても、疑いを持ったうえで信じた自分の責任に過ぎないのだ。これを10割で完全に信じきってしまうと、うまくいかなかったときに人のせいにすることや、騙されたと悪口や文句を言いたくなる気持ちにつながってしまう。

そんな考えとともに、これまでも歩んできた。

まずは疑って、考える。2割の疑いは失わず、8割で信じる。その決断をしたら、あとは100%の力で実行に移す。この過程を繰り返してきた。それが、W杯という結果につながったのだと思っている。

こんな風に考えるようになったのは、少年時代の些細な出来事からだ。かつて母の友人からお菓子を渡されて、「騙されたと思って、食べてみ」と言われた。この言葉が、僕はとても好きだ。当時、見た目からは「おいしくなさそうだな」と思っていたお菓子を、騙されたと思って口にしてみた。すると、確かにおいしかった。それだけのことだが、なぜか僕の心には強く刻まれている。

騙されたと思って、ということは、疑いの気持ちは持っているということだ。そのこと自体が悪いことではない。むしろ、良いことだと思う。騙されるかもしれないと分かったうえで、やってみたら得をすることがある。たとえ失敗したとしても、結局は騙された僕が悪い。

あの些細な出来事に、僕は感謝している。今では、「騙されたと思ってやってみる」が口癖になっている。

料理人やトレーナーをつけたこと。また、途中でそれぞれ人を変えたこと。セルビアに移籍したこともそうかもしれない。契約解除をしたときもそうだ。

幸い、僕は人に恵まれた。誰も、僕を騙そうとしていないことは分かっている。そして、結果的に騙されなかった。それも、「疑信力」があったからこそ、自分で納得して全力で取り組めた結果なのだと思う。

2026年へ

カタールW杯までは、本当に文字通り「W杯にとらわれて」きた。そのとらわれ方は、ロシア大会で直前で代表から落ちるという悔しい思いをしたから、他の選手以上のものだったと思う。

そのW杯を、ひとつ経験した。これからは少しだけ、W杯にとらわれなくなるのかもしれない。

僕は、チャンピオンズリーグでプレーしたことがない。欧州に渡って、まだリーグ優勝などのタイトルを手にしたこともない。そもそも、トップレベルと言われるクラブでプレーした経験もない。考えてみれば、W杯以外にも、サッカー選手として僕がかなえていない夢は、まだまだいくらでもある。

そう思えば、カタールまでの4年半と比べて、これからの歩み方は少し異なるものになるのかもしれない。結果的には同じように、ひとつの妥協も許さずに取り組んでいるのかもしれない。やっぱり、「すべてはW杯のため」と言って、またW杯にとらわれているのかもしれない。

どうなるのかは、分からない。
だけど、その過程でまた全力を尽くして、楽しみたい。そして、自分に期待し続けたい。そうやって、これからも歩みたい。次の2026年、31歳になるW杯も、もちろん僕はめざしている。ヒーローになるために。

おわりに

「感謝」は、自分の中で大事にしている言葉だ。そしてこのふた文字は、他人に言われて芽生えるものではないと思っている。

幸い、僕はこれまで、「感謝」の気持ちとともに歩んで来ることができた。

僕の中で、本当の感謝とは、自分の力になるものだ。これまでの人生、そして特にW杯カタール大会までの4年半は、たくさんの人に支えられ、助けてもらいながら、W杯をめざしてきた。関わってくれたすべての人に感謝している。その気持ちが、そうした人たちに恩返しをしたいという思いにつながる。

僕にできるひとつの恩返しが、自分の夢であるW杯の舞台でゴールを決めることだった。そのために、全力で目の前のことに取り組んできた。きついときも、楽しくないときも、感謝の気持ちがあるからこそ、全力を注げた。

夢のひとつを実現できたことを、うれしく思う。本当に恩返しになったのかどうかは分からない。ただ、振り返ると、改めて多くの方々への感謝を感じる。

森保さんをはじめとする、これまで僕を成長させてくれた恩師。ケガをしてから、僕のために全力を注いでくれた日本代表のトレーナーやスタッフ。僕の成長のために全力でサポートしてくれた専属料理人やパーソナルトレーナー。いつも一緒にいてくれている友人。どんなときも僕のことをちゃんと考えてくれている代理人。そして、誰よりも僕を信じて支えてくれている家族。

どう言い表せば良いのか分からないくらい、感謝してもしきれない。恩返しのしようがないと思うほどに。この気持ちを持たせてくれたことに、また感謝している。

この4年半で唯一の心残りは、セルビアでお世話になった方々へ直接、感謝を伝えられていないことだ。パルチザンとの契約解除はW杯に出るための決断で、その結果、夢をかなえた。だから、間違いではなかったとは思っている。それでも、僕を成長させてくれた国、第2の故郷「アナザースカイ」だと思えるセルビアを、あのように去ったことを「本当に正しかった」と言い切ることは今もできない。

また、この本の題名は「奇跡のゴール」となった。周囲から、ドイツ戦でのあのゴールが「奇跡」だと思われていることはよく理解している。だが僕自身は「奇跡」とは思っていない。これまでに自分がやってきたことで、何かひとつでも妥協していたら、このゴールはなかっただろう。このゴールを決めるために、できることはすべてやってきた。

その「軌跡」が「奇跡」につながっただけだと思っている。

もちろん、まだまだ満足できていないし、悔しさしか残っていない。だから僕はこれからも、次のチャンスをつかみ、もっとたくさんの恩返しのゴールを決められるよう、一日一日を全力で過ごしていく。感謝の気持ちとともに前へ進み、夢に向かって歩み続ける。

最後に、この本の執筆を手伝ってくれた朝日新聞スポーツ部の記者・藤木健さんへの感謝を伝えたい。僕がドイツで結果を出せずにくすぶっているときも、セルビアに行って世間から注目されなかったときも、そのときの僕を取材してくれた。忘れられているだろうと思いながら夢に向かっている僕の姿を書き続けてくれたこと。それがなければ、この本は書けなかっただろう。

改めて、ありがとうございます。

『感謝。』

2023年5月

浅野拓磨

【著者略歴】

浅野拓磨（あさの・たくま）

1994年三重県生まれ。ペルナSC、菰野町立八風中学校を経て、2013年に四日市中央工業高校を卒業後、サンフレッチェ広島に入団。2016年7月、イングランド（イギリス）のアーセナルFCに完全移籍。同年8月、ドイツのVfBシュツットガルトへ期限付移籍。2018年5月、同じくドイツのハノーバー96へ期限付移籍。2019年8月、セルビアのパルチザン・ベオグラードへ完全移籍。2021年6月、ドイツのVfLボーフムに完全移籍。サッカー日本代表には2015年7月に初選出。2018年のワールドカップ・ロシア大会では大会直前に登録選手から漏れるも、2022年のワールドカップ・カタール大会では4試合に出場し、ドイツ戦で決勝ゴールを決めた。著書に『考えるから速く走れる』（KADOKAWA）がある。

浅野拓磨（あさのたくま） 奇跡（きせき）のゴールへの1638日（にち）

2023年6月30日 第1刷発行

著　者　浅野拓磨
発行者　宇都宮健太朗
発行所　朝日新聞出版
〒104-8011 東京都中央区築地5-3-2
電　話　03-5541-8814（編集） 03-5540-7793（販売）
印刷所　大日本印刷株式会社

Published in Japan by Asahi Shimbun Publications Inc.
ISBN978-4-02-332286-8